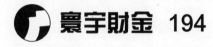

寰宇財金 194

# 主控戰略開盤法

## 掌握開盤奧妙決勝股市戰場

黃韋中（阿　民）著

李進財、謝佳穎 指導

寰宇出版股份有限公司

# 目　錄

## 第一篇

## 第二篇

# 第三篇

# 《主控戰略開盤法》推薦序

由於股價指數期貨暨選擇權市場可滿足投資人避險、投機的需求，近年來市場成長快速，成交量屢創新高，在眾多衍生性金融商品中一支獨秀，也吸引越來越多投資朋友參與這個市場。

但衍生性金融商品市場存在著一個的80/20法則，掌握資訊及技術的市場贏家，往往僅約佔交易人的二成甚至更低，但他們卻席捲了市場上超過百分之八十的獲利。在吾人十餘年的市場經驗中，此法則不斷被印證，也說明投資朋友務必要尋得一套贏家的操作模式，才能長久地戰勝市場。

在期貨方面的金融商品操作除了需對總體經濟、政治等環境做基本面的分析之外，針對未平倉量、指標等等技術分析技巧預測價格走勢亦是一門顯學，除了K線圖外，盤中即時走勢的研判更是技術分析的細微點，在波浪圖的走勢中當中，實則蘊藏豐富的價量資訊，再配合時間的分析，往往就能參透價格走勢的玄機，這也是研究技術分析的投資朋友必須鑽研的分析技巧之一。

　　目前坊間並未出版過介紹開盤法理論的書籍，今日阿民先生不藏私的將該法的運用眞諦眞正深入說明，讓多數投資朋友在研讀本書之後，以吾人的經驗法則當中，很容易就可以掌握市場贏家的關鍵技術。

　　阿民先生除了針對K線理論再做更深入的研究與說明，並進一步發表許多技術分析的關鍵技巧，完成了《主控戰略開盤法》一書，這本新書內容廣泛且深入，涵蓋了與盤態、K線、開盤法與指標等相關的各種知識，投資朋友可以藉由精要的圖文解說更深入瞭解各種技巧的定義與實戰運用，相信投資朋友浸淫在本書豐富的內容中，必能在技術分析領域大爲精進，取得成爲市場贏家的關鍵知識與技術。爰樂爲之序。

統一期貨總經理

# 序

　　第一本書《主控戰略K線》才出版不久，又接到阿民第二本書完稿的訊息，並且希望我寫一篇序。由於有許多讀者期待第二本書的推出，阿民才日夜趕工完成，不愧是年輕人，精力旺盛、下筆迅速。

　　雖然這本書內容有部分提到個人所建構的技術分析理論，然而內容實在嫌少了些，希望阿民多多加油，繼續把合宜的技術分析技巧與觀念披露出來，造福所有投資朋友。雖然書本內容僅薄薄三百多頁，但是可看性還是凌駕不少技術分析參考書籍，尤其是完全以台灣股市為例，投資人在閱讀時，更容易體會當時的時空背景。

　　其中提到開盤法收盤價折線力道研判，已經是正確的入門手法之一，阿民不藏私的寫出來供大家參考與揣摩，實在甚為難能可貴。而黃金比率與K線搭配運用，也提出了重要關鍵研判之處，但是只提到單筆K線部分，未提及波段部分，希望未來在下一本書能將此部分補上讓此單元更臻完備。（據阿民說，由於原稿太厚了，為顧及投資人閱讀方

便，所以暫時將波段的研判拿掉。）

　　而自設指標部分亦是源於K線演化出來的研判，傳統指標也有深入探討與說明，這一本書可以說深淺奇正內容並具，頗適合初學者與具有基礎者閱讀，也希望讀者多給予鼓勵，讓阿民不斷推出一些好觀念與大家分享。


　　　　　　　　　　　　　　　　　　進　財　謹識

# 千里之行始於足下

　　成功的股票投資往往需要盤後詳盡分析，並做出正確判斷。如果總是將買賣股票當成賭博，往往失敗的機率相對提高。投資人進入股市不免對技術分析研判技巧與運用，甚至爲了理論和實戰結合而多方遍覽名書。但礙於股價的走勢變化多端，從來沒有固定形式，難以掌握盤中買賣技巧。

　　開盤八法爲早期日本股市前賢研究股價波段位置與當日「開盤型態」的交互關係，用以研判當日多空變化的趨勢研判方法。早期承股市名師林新象老師從日本引進台灣，亦有多位市場分析師採用這種方法研判大盤趨勢。近年來，台股交易隨時空轉變，加上外資法人力道強化，對當日盤勢的影響力加重。因此股價波段位置、K線盤態、浪潮變化等等都與「開盤盤態」更趨向緊密。

　　阿民兄在本書中引領投資人先瞭解「K線盤態」，對股價波段位置先期掌握多空關鍵。從過去的股市紀錄，我們發覺作手對股價走勢有它的習慣。我們稱做盤態模式(Model)。大致來說，股價的波動有下列幾種模式：盤堅、軋空、強軋

空、盤跌、追殺、強追殺等。在這六種模式下，開盤法就關係著多方能否維持續多的局面、空方能否持續保持空方優勢；甚至多空因開盤力道變化呈現多空異位。俗語說：「千里之行，始於足下。」開盤法固然可以讓投資人掌握短線，甚至當日的多空變化，尤利於期貨操作當日多空研判。但盤態卻是影響波段的股價行為的要點是不可偏廢。

　　成功的投資者對正確的技術分析研判都有深入認識，他們懂得掌握買入賣出時機(timing)和趨勢方向(trend movement)的研判。若能瞭解開盤法與當日力道變化，就等於預知股價的未來變動方向。但是根據操盤經驗，作長線投資畢竟風險相對小，短期的波動不但難以捉摸，甚至容易受消息面影響，對此開盤法正可彌補技術面先天不足的缺失。然而許慎於《說文解字》中亦說：「近取諸身，遠取諸物、始作易八卦，以垂憲象。」即使將各種開盤盤態依據歷史經驗重新分類整合，例如：易之八法；而八法中又蘊含象限，可謂變化莫測。投資朋友者宜先熟練其中技巧，並經多方實戰演練，必能功力大進。亦期望阿民兄此書能導正市場上對開盤盤態的誤解，進而傳承先賢智慧，股市大千世界中魑魅歸墟，神佛歸廟。

亨富投顧副總經理

謝佳穎　謹序

2004/03/01

# 自 序

在第一本《主控戰略K線》推出之後，頗受讀友們的支持，該書正式上架後不到二十天，一刷立刻銷售一空、銷路奇佳，根據寰宇副總編王小姐透露，這是寰宇出版公司有史以來的紀錄，而在許多投資朋友的引領期盼與催促下，個人利用極短時間將第二本《主控戰略開盤法》一書完稿，希望能延續第一本書的概念做不同層次探討。

第二本書徵得李教授同意，將盤態的觀念導入，但是礙於章節內容取捨，無法詳細論述，實在感到遺憾，寫書方知寫書之不易，完書之後發現這一本書恐怕太厚，擔心造成讀友的負擔，所以刪掉將近1/3內容，如果有論述不完整之處請駕臨個人架設的網站進行更深入討論。

為讀友設置專屬論壇討論書本內容的相關問題，個人相信這是一項創舉，所以這一本書的價值可以延伸到無限大，相對的也是證明個人的技術分析技巧可以接受各位讀友檢驗。減少各位志同道合的朋友對技術分析的摸索過程是我最大目的，個人深信在書中提出的論點可以幫助各位讀友對技

術分析的技巧有更深入認識之外，也希望藉著討論區讓技術分析的學習效果發揮到極致，而不是買了書之後，只有一本書而已。

　　本書的內容除了有別於坊間論述的開盤法，更增加了黃金比率的基本運用原則，以及一些自訂指標與傳統指標的運用訣竅，這一些看似不相干的內容，其實可以做出最佳組合的整合運用，個人不諱言的說，要整合到一個程度，花上一點時間是必須的，我不相信看了幾本書、知道幾個法則就可以在股市中順利獲利。當然，書本的內容有限，無法將完整的變化一一提出討論，但是只要依據書中提出的概念，加以變化運用，自然就可以突破操作上的關鍵。

　　然而個人畢竟對寫作是初入門，章節內容的掌握仍略嫌生嫩，但是書本的內容絕對值得各位讀友詳加探討與思索，如果在書中有論述不妥之處，歡迎各位提出指正、鞭策，也歡迎各位讀友參與論壇的討論，謝謝大家的支持。

　　　　　　　　　　　　　　　　阿　民　謹識

# 謝　辭

　　在技術分析的領域上，獨自在黑暗中摸索，是一件非常艱難、辛苦的事。尤其是研究的過程中，不知道所用的方法是否正確？歸納出的觀念能否運用？必須要不斷的以時間、金錢測試，才能有一點點收穫。我常在想，如果在學習過程中有永恆的亮光指引我們，如同北極星掛在深邃的夜空指引迷路的旅人一般，那麼就可以少走許多冤枉路。

　　一個人在學習的過程中如果可以受到一顆恆星照耀，是一件非常幸運的事，我何其有幸，在學習技術分析過程中，受兩顆恆星溫暖照耀。

　　初踏入股市，不知道股市風險，當覺得有必要學習技術分析之後，砸下重金進入研究技術分析的領域，原本不學還好，學了之後卻是惡夢開始。原以為花費巨資應該可以在股市中獲利，在將該套技術分析運用熟稔之後進場，每逢買進十之八九慘遭套牢，又加上心態無法調適，下場當然只有不言可知。

　　後來發覺該套理論系統存在太多盲點與死角，揚棄之後重頭鑽研，在覺得自己指標、K線已經運用的很純熟時，才在網路上偶遇謝老師，此時我已經將該套系統改良到沒有盲點，其他指標自己也覺得有相當心得，但在認識謝老師之後，才知道自己在指標鑽研上仍有不足之處。

　　認識恩師謝佳穎老師，是我研究技術分析過程中第一顆照耀我、指引我的恆星，到現在我仍不明白為何有這樣的好運讓恩師這麼提攜我、照顧我！雖然相處久了，偶而會開恩師玩笑，那是因為老師平易近人。縱使平時常與恩師不拘禮節交談，不過在我心目中對恩師的感激，實在無法以言語形容。

　　除了技術分析，老師在紫微斗數方面也給我很多指導，而待人處事方面亦耳提命面，深怕我出了差池，就在我洋洋自得、自滿於技術指標純熟時，老師見時機成熟，認為我還有精進的必要，便引見讓我拜見李進財老師，使在我學習技術分析的過程中，出現了第二顆耀眼的恆星。

　　謝老師在大學唸書時就是李老師的學生，因此我私底下就順口稱李恩師為：「師公」，本來我要執古禮行三跪九叩的拜師禮，謝老師說不必，因為李老師不喜這一套繁文縟節。而我會如此尊崇李老師，就在第一次見面的餐敘，我印了幾張K線圖，一些疑惑，三兩下就被擺平了，當場震驚於他「生命K線」完美、無暇的邏輯，當天晚上回到飯店，苦思兩個多小時體會當中奧妙，於凌晨3點才入睡，此時我亦

驚覺自己的自大與不足。從這一天開始，正式開啓技術分析另一個層次的大門，除此之外，李老師豁達、不與人爭的人生觀，也深深讓我折服。

李老師是我學習技術分析過程中，第二顆恆星。

李老師在技術分析上的卓越見解，例如：N字理論、一飽二吐、浪潮轉浪等等觀念不勝枚舉，早在三十年前就已經是成熟的技術分析技巧，其徒子徒孫更是遍佈全省，常有用此法而不知其法的創始人就是李老師，甚至有傳聞李老師是「取他人之技巧爲己所用」。助教或是後學如我之輩，聽了都覺得不可思議，李老師雖輾轉得知這些傳聞，仍是笑笑說：「何必在意這些？」讓我覺得李老師眞性情與眞豁達也！我想李老師在操盤界三十年資歷，學他的技巧都來不及了，怎麼會有這麼離譜的傳聞？也因爲這樣更讓我深深感到我的修養與李老師相差萬里之遙。

而李老師更是不計較的將技術分析觀念一點一滴的教導我，一代宗師，如此不藏私、不避諱，眞令我感動莫名。所以我對李老師的尊崇，除了技術分析，還有他的氣度、豁達、不計較，眞的是佩服到五體投地。

我何其幸運，在學習技術分析的領域，受到兩顆耀眼的恆星照耀。如果我在技術分析的領域上有任何精進與成就，都要感謝李老師與謝老師的提攜、照顧。在第二本書付梓同時，僅藉著本書一角，向兩位老師致上最大謝意與敬意。

　　此外，在這一本書成書過程中，遭遇不少困難，每個章節刪了又寫、寫了又刪，總是不知道如何表達才能完善，幸好內人不斷幫我打氣、鼓勵，讓我減輕不少壓力，家事也都由她一人攬起，我發覺竟然沒有幫上什麼忙，在這裡也要表達對內人的歉意、謝意與愛意。

　　如果書中有什麼疏漏與文句表達不順之處，是因為個人不擅於著作，請各位投資人多多包涵，也請大家對內容多作指正，而本書在圖例說明方面，承蒙大陸股票軟件設計公司博庭資訊授權使用**飛(奇)狐交易師**股票分析軟體，特此感謝。

　　　　　　　　　　　　　　　　　　　阿 民 謹識

# 導　讀

## 六大盤態

　　在開始進入有關開盤法的觀念之前，先為各位投資人介紹「生命K線」的六大盤態。所謂「生命K線」是指股價K線波動的邏輯研判，當我們了解這個觀念之後，就能延伸到「波浪理論」的推演，使波浪理論具有真正預測的功能，並破除一般人認為波浪理論是事後看圖說故事的盲點。

　　在介紹「生命K線」的基本六大盤態之前，必須先說明這套理論的源起。民國六十年初，台灣股市的技術分析還在萌芽階段，我的恩師──李進財教授就對技術分析有深入了解，並根據自己的觀察與實戰淬鍊，發展出一套有關「生命K線」的完整邏輯。

　　當然！K線、道氏型態、眾多的技術指標與波浪理論是國外原本就有的內容，而這些推演的方法與邏輯關鍵，卻是恩師自己觀察獨創的技術分析理論與技巧，雖然恩師生性豁達不喜與人爭，但是要披露關於「生命K線」邏輯的部分內

容，仍要取得到恩師首肯，以示後學尊重。

　　恩師　李進財教授在三十幾年前就讀研究所時，即參與主力控盤與作線，而後亦帶領操盤小組長期掌控股價趨勢，目前擔任某基金技術分析顧問，能夠將恩師的理論加以推廣與發揚光大爲後學之職志，在「生命K線」的邏輯當中，除了利用六大盤態破解、分析股價波動之外，還有相對巨量與軋單量法則、多空抵抗觀念、出頭與落尾、N字理論與一飽二吐測量、虛擬K線與實過虛過、K線RSI強弱、末升低點與末跌高、眞假跌破與眞假突破、六分法與三分法、轉折低點與轉折高點、頸線低點與頸線高點、三點掛多與三點掛空、K線推浪原理、一轉三與三合一的推浪運用、主控棒線與波浪的對應、波浪時間波的推演、江波圖與波浪的運用等相關技巧不下數十種。

　　誠所謂「吃果子拜樹頭」，筆者除了公開發表與讀者分享這些主力操盤、作線的技巧之外，也希望技術分析的同好在公開場合闡述討論關於這些理論的同時，能夠對恩師在學術上有起碼的尊重，同時也讓各位讀者知其源頭，任何有關於「生命K線」邏輯的源頭就是恩師　李進財教授。

# 六大基本盤態

　　「生命K線」邏輯的入門功夫：如何分辨正N字與倒N字；接著是理解六大基本盤態。當這兩項基本觀念通澈後，股價的波動走勢將豁然開朗。在這裡僅就基本觀念進行探

討，其測量、力道強弱與其他進階的研判暫時沒有收入本書範圍。

何謂虛擬低點？某一棒線的實際低點與前一根棒線的收盤價取小者就稱為虛擬低點。

何謂虛擬高點？某一棒線的實際高點與前一根棒線的收盤價取大者就稱為虛擬高點。

何謂N字？N字重視的是針對前波頸線(或稱為創當時短線波段新高)進行兩個動作，一個是收盤價要創高，一個是最高價要創高，我們稱為**實過**、**虛過**，完成這個動作就可以取出軋空低點。

何謂倒N字？倒N字重視的是針對前波頸線(或稱為創當時短線波段新低)進行兩個動作，一個是收盤價要創低，一個是最低價要創低，我們稱為**實破**、**虛破**，完成這個動作就可以取出殺多高點。

股價所謂的六大基本盤態是指：**強軋空**、**軋空**、**盤堅**、**盤跌**、**追殺**、**強追殺**，茲分述如下：

一、**強軋空**：當股價創新高時，因為慣性作用，隔日會出現空頭抵抗，當空頭完全沒有抵抗的情形，且股價一路不回頭並持續出現連續上漲的走勢，我們稱為**該回不回**，該回不回就是強軋空。

二、**軋空**：當股價創新高時，出現空頭抵抗但是抵抗失敗，且股價不回頭，或是壓回不破軋空低點，並持續出現上漲的走勢。

三、**盤堅**：當股價創新高時，出現空頭抵抗而且抵抗成功，股價壓回沒有跌破關鍵支撐點或此波低點，當股價獲得支撐之後仍有創新高的走勢。

四、**盤跌**：當股價創新低時，出現多頭抵抗而且抵抗成功，股價反彈沒有突破關鍵壓力點或此波高點，當股價受制於壓力之後仍有創新低的走勢。

五、**追殺**：當股價創新低時，出現多頭抵抗但是抵抗失敗，且股價不反彈，或是反彈不過殺多高點，並持續出現下跌的走勢。

六、**強追殺**：當股價創新低時，因為慣性作用，隔日會出現多頭抵抗，當多頭完全沒有抵抗的情形，且股價一路不反彈，並持續出現連續下跌走勢，我們稱為**該彈不彈**，該彈不彈就是強追殺。

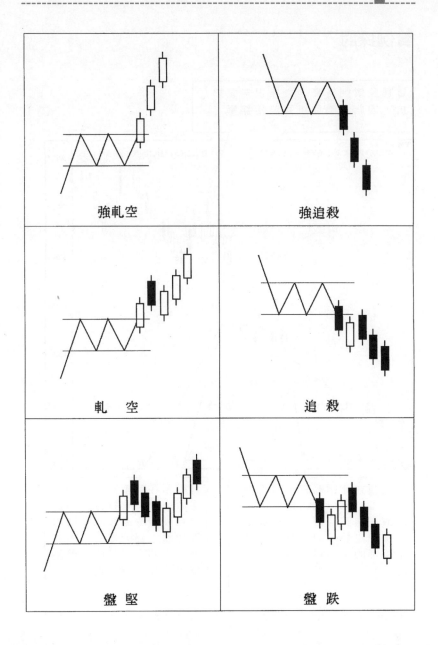

強軋空

強追殺

軋 空

追 殺

盤 堅

盤 跌

## 實例探討

這裡股價創新高之後出現空頭抵
抗，因此盤勢從這裡開始盤堅。

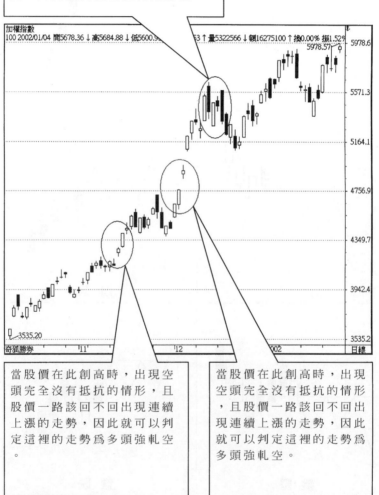

當股價在此創高時，出現空
頭完全沒有抵抗的情形，且
股價一路該回不回出現連續
上漲的走勢，因此就可以判
定這裡的走勢為多頭強軋空
。

當股價在此創高時，出現
空頭完全沒有抵抗的情形
，且股價一路該回不回出
現連續上漲的走勢，因此
就可以判定這裡的走勢為
多頭強軋空。

當股創新高時，出現空頭抵抗，股價壓回沒有跌破關鍵支撐點，而股價在獲得支撐之後仍有創新高的走勢時，就稱為多頭盤堅。

當股創新高時，股價出現空頭抵抗，且股價不回頭並持續出現上漲的走勢就是多頭軋空。

當股價創新高時，出現空頭抵抗，
股價壓回沒有跌破關鍵支撐點當股
價獲得支撐之後仍有創新高的走勢
時，就稱為盤堅走勢。

當股價創新高時，出現空頭抵抗，股價壓回跌
破關鍵支撐點，加上反彈目標完成時股價將進
行多空反轉。

當股價創新低時，出現
多頭抵抗，但股價反彈
沒有突破關鍵壓力點，
後續仍創新低的走勢時
，就稱為盤跌走勢。

當股價創新低時，出現多頭
抵抗，股價反彈時突破突破
關鍵壓力點，若股價回跌目
標完成時股價將進行空反轉
。

加權指數
100 2002/12/18 開4567.75 ↓高4581.18 ↓低4517.61 ↓收4535.93 ↓量2998000 ↑額5660700 ↑揚0.00% 振1.40%
4884.64
4884.6

4806.1

4727.5

4648.9

4570.3

4491.7

4413.14
4413.1

奇狐勝券                    12                                2003        日線

當股價創新低時，出現多頭
抵抗，股價反彈沒有突破關
鍵壓力點，當股價受制壓力
後仍有創新低的走勢時。就
稱為盤跌走勢。

當股價創新低時，出現多頭
抵抗，股價反彈沒有突破關
鍵壓力點，當股價受制壓力
後仍有創新低的走勢時。就
稱為盤跌走勢。

當股價反彈創新高出現空頭抵抗，股價壓回跌破關鍵支撐點，加上反彈目標完成時將會出現多空反轉的走勢。

當股價創新低時，出現多頭抵抗，且股價不反彈或是反彈不過關鍵高點並持續出現下跌的走勢，為追殺盤。

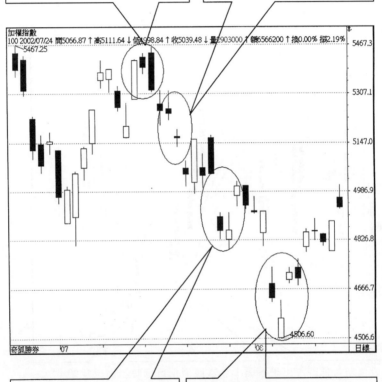

當股價創新低時，出現多頭抵抗，且股價不反彈或是反彈不過關鍵高點並持續出現下跌的走勢，為追殺盤。

當股價創新低時，出現多頭抵抗，如果反彈突破關鍵壓力點，加上下跌目標完成時將會出現多空反轉的走勢。

當股價創新低出現多頭抵抗，且股價反彈突破關鍵壓力點，則股價會延續原始多頭的走勢。

當股價創新高時，出現空頭抵抗，股價壓回跌破關鍵支撐點，加上上漲目標完成時股價將進行多空反轉。

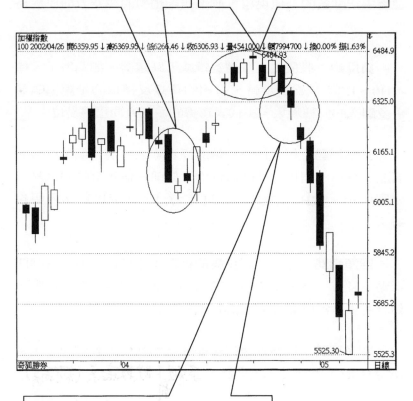

當股價創新低時，出現多頭完全沒有抵抗的情形，且股價一路不回頭並持續出現連續下跌的走勢為強迫殺。

# 解釋名詞

**正反轉**：股價由下跌趨勢轉成上漲趨勢。如圖中所示，標示L0～L8的位置均稱為正反轉，這裡的正反轉指的是短期趨勢由空翻多的一種現象，並不代表趨勢的多空方向已經易位。

**負反轉**：股價由上漲趨勢轉成下跌趨勢。如圖所示，標示H0～H7均稱為負反轉，這裡的負反轉指的是短期趨勢由多翻空的一種現象，不代表趨勢的多空方向已經易位。

**多頭趨勢**：每一個負反轉的高點均大於前一個負反轉的高點；且每一個正反轉的低點均大於前一個正反轉的低點，如圖所示，當H3＞H2時，且L3＞L2，就可以稱為多頭趨勢。

**空頭趨勢**：每一個正反轉的低點均小於前一個正反轉的低點；且每一個負反轉的高點均小於前一個負反轉的高點，如圖所示，當H6＜H5時且L6＜L5，就可以稱為空頭趨勢。

**空多交替**：指空頭趨勢轉換成多頭趨勢，如圖所示，當H4＞H1時，就稱為空多交替。*突破下跌段高點（未跌高點）前*

**多空交替**：指多頭趨勢轉換成空頭趨勢，如圖所示，當L7＜L4時，就稱為空多交替。*跌破前上升段低點（未升低點）*

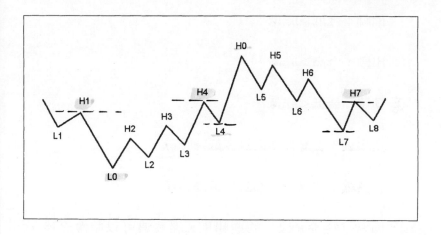

何謂末升低點？何謂末跌高點？

首先將K線圖轉成「高低折線」，而後找出整個畫面中的最高點或最低點，接著由最高點或最低點開始找出第一個關鍵點位。

假設從最高點找，那麼找出的第一個關鍵點位就是「末升低點」；假設從最低點找，那麼找出的第一個關鍵點位就是「末跌高點」；不論是從何者下手，結果是相同的，而且這兩者不可能同時並存。

譬如：上圖中，假設從最低點找，那麼找出的第一個關鍵點位就是H1；也就是說，H1是末跌高點。

縮頭：今高＜昨高。

縮腳：今低＞昨低

出頭：今高＞昨高。

落 出尾：今低＜昨低。

日出線：今高＞昨高且今低＞昨低。

日落線：今高＜昨高且今低＜昨低。

　　而當「生命K線」的邏輯與K線波浪可以體會之後，「主控棒線」的觀念自然會成立，此時就可以針對時間波加以推演與計算，筆者只能說，這是玄中玄、奇中奇的玄妙法門！在研究技術分析的過程，不就是要明白股價的走向，將推測失誤的可能性降到零嗎？

　　誠摯希望在能夠將這一套觀念與理論技巧發揚光大，才不至於辱沒恩師的耳提命面與諄諄教誨。短短幾頁的圖文無法交代「生命K線」的邏輯，歡迎有興趣的朋友，駕臨恩師設立的虛擬學院或筆者架設的論壇，一起研究、討論關於「生命K線」的邏輯之美。

　　進財虛擬學院　http://www.ntschool.net

　　阿民的網站　http://h870500.ez-88.com

第一篇

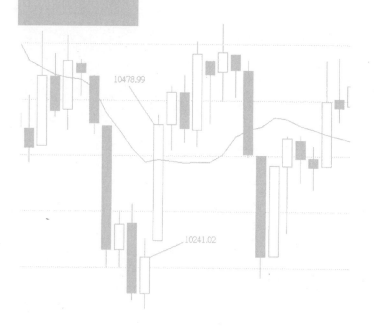

10478.99

10241.02

第 1 章
# 開盤法的基本定義與關鍵點

開盤八法是早期日本股市技術分析研究者觀察股價波段位置與《開盤型態》的相互關係，用以研判當日多空變化的趨勢研判方法。早期從日本傳入台灣，在股市中亦有許多喜好研究技術分析者採用這種方法研判大盤趨勢。然因近期交易生態改變，傳統的《開盤八法》已略嫌粗糙，必須將股價多空位置、K線趨勢、浪潮變化與開盤盤態綜合運用，並搭配開盤量研判多空力道，如此系統化之後，才能得到精確之研判，吾師謝佳穎老師除綜合台日前輩之精華與其本身研究心得，加上台股實戰經驗，發展出一套更加細膩的盤態觀察方法，為尊重原創始者心血，故名為《開盤法》，於此特別聲明**與一般開盤八法內容不同**。

筆者從學於謝老師，得謝老師提攜甚多，故於此章節開頭先特別聲明。**書中敘述的技巧以入門為主**，筆者在闡述的過程中，針對大盤波動與個人操作習性加入一些簡易的輔助研判方法，期待以深入淺出的方式讓讀者對此一操作技巧有

所認識。

　　因為市場上的運用技巧目前仍偏執於傳統的開盤研判，忽略了K線運用的真諦，尤其是「生命K線」的邏輯，以致於運開盤八法時，容易為詭譎多變的盤勢所迷惑，往往依照提示的絕竅操作後，發現總是無法掌握盤勢的變化，到最後對方法失去信心，甚至唾棄。

　　其實哪裡是方法不能用！追究其原因，往往是因為還沒有熟練這樣的技巧，就想要進入股票市場中廝殺，怎能不受傷呢？不然就是根本用錯了方法，完全忽略運用的關鍵，應該是短線多頭趨勢，卻看成是短線空頭趨勢，該殺多時看成是要軋空，造成該買不買、該賣不賣的窘境。

　　所以在這一章，仍然要從基礎的開盤法技巧開始介紹，當基礎穩固，基本動作熟練，才有辦法研究其他更高明的技巧。

# 觀　念

　　任何技術分析在切入之前，首重「趨勢」及「型態」，口訣云：「**以趨勢為師，型態為要，均線為繩，技術指標為輔**。」在操作過程中如果不先明辨趨勢走向，將會使研判產生致命性的偏差，而趨勢的研判重點在連續的K線圖走勢。

　　因為連續的K線走勢牽涉到「生命K線」的邏輯，這一

個邏輯的運用如果以文字說明略顯繁複，所以一般初學者可以參考移動平均線的走向作為多空的研判參考依據，雖然會有反應略嫌遲緩，但不失為入門學習的簡便方法。

　　一般選擇以10日均線作為多空的研判，因為如果選擇5日均線作為參考，週期太短、變化過於快速，而如果以20日均線作為參考，週期又嫌過長，反應就慢了。所以推薦使用10日均線作為入門參考。研判時只要掌握以下的原則：**K線在均線之上，且均線向上揚升，則視為多頭氣勢；反之，若K線在均線之下，且均線向下彎曲，則視為空頭氣勢。**

　　在均線走揚且股價在均線之上時，正常情形以開高盤為佳，當均線上揚角度明顯，如果遇到突發性的利空因素開出低盤，反而是承接良機。因為在非理性的賣壓消化之後，理性回歸，趨勢也會回復原有走勢，因為均線仍在上揚過程，利用上揚的助漲力道，仍然可以使股價續創新高。所以投資人可以在盤勢止穩，盤中分時型態走勢呈現極短線趨勢由空轉多時，同步介入當時的強勢個股，大膽承接進場作多。

　　同理，在均線走跌且股價在均線之下時，正常情形都容易開出低盤或是小高盤，當均線下跌的角度明顯，或是均線呈現蓋頭反壓，如果遇到突發性的利多因素開出極高盤，反而是順勢出脫良機，在空頭走勢過程中出現開極高盤，容易遭逢短線獲利回吐、高檔套牢與空頭打壓，因此，趨勢會回復原有走勢，如果因為這樣的利多而追高，往往會套到最高點。

　　我們來看一個實例，了解相關的研判。從《圖1-1》紐約道瓊指數在2001年7月12日當天的表現來看，收盤收在10478.99，與昨日收盤10241.02相減正好上漲237.97點，漲幅約2.3％，通常美國股市大漲對台灣股市有一定程度的激勵作用，尤其是當時美股也是呈現下跌走勢之後的強勁反彈，而這一日也同步使股價站上10日均線，若台灣股市也呈現處在下跌的走勢過程中，在相同背景的比較下，就有機會促使台灣股市因為這一個突發性的利多因素而使隔日開盤開高。

圖1-1　紐約道瓊指數，2001年7月12日。

　　當然，在下跌幅度還沒有滿足時，出現利多消息不見得會獲得投資人認同，縱使開高，也不見得形成有利的情況，反而會使套牢者趁機解套，萬一供給的賣壓大於開高追價的買進力道，就會形成另一波套牢了。因此在下跌趨勢的開高盤，必須先做下跌滿足與否的確認動作。

　　接著來檢視台灣股市對這一個利多的反應程度。請看《圖1-2》。台灣股市在2001年7月12日當天的收盤價是4633.54，而在當晚美國股市以上漲237.97點作收，所以在2001年7月13日的台灣股市，從歷史的K線圖可以看見開盤價為4715.33，也是當日最高點，開高了4715.33－4633.54＝81.79點，最低點是4483.09，收盤價最後收在4485.68，也就是說高低震盪幅度為232.24點，下跌了147.86點，跌幅為3.2%。

　　除了在下跌過程中，因為突發性利多因素開高本來就對追高者不利的慣性之外，不要忘記原始趨勢與K線型態所產生的壓力。

　　在《圖1-2》台灣加權指數這一張圖當中，可以清楚的看見標示A的框框，這裡代表的是下跌趨勢的反彈過程中，產生的「複合夜星」型態，這一組型態的高點為4906.82，低點為4713.84，而2001年7月13日因為美股利多的開盤點(4715.33)正巧去挑戰反轉型態的下緣。

　　試想：本來在下跌趨勢過程中，開高盤就已經不利多頭

圖1-2 台灣加權股價指數，2001年7月13日。

了，再加上撞前波關鍵壓力之處，正好給在這一個型態中套牢的人解套的機會，因此這裡必然會出現蜂湧而至的停損、解套賣壓！當然，在7月12日和7月13日這兩天形成了所謂的「陰子母」的K線型態，也是另一個關鍵壓力的地方。

　　後來台灣加權股價跌到4008.08之後呈現跌幅滿足，展開了一個波段反彈，當股價反彈到標示B時，正巧撞到了「陰子母」的反轉型態，自然再度出現解套的賣壓了。

# 基本定義與型態

　　《開盤法》的基本重點在於開盤的價及量，並以五分鐘收盤盤的位置定位盤態，搭配盤中的關鍵時間點，例如：9:30 這一筆、10:10這一筆來決定當日多空方向。在應用時，極短線至少要往前看一天的5分鐘K線走勢圖。也就是說，要把昨日的走勢圖與今日的走勢圖連貫起來，才不會產生偏差。至於這一些綜合性的研判技巧留到舉例時再做詳細說明；這裡先就基本定義中的開盤法技巧如何研判大盤當日趨勢，做說明與定義。

　　**開盤以每五分鐘為一基本盤。**

　　雖然傳統的開盤法以5分鐘收盤價的折線圖作為研判重點，但是這裡要強調在主力實戰與控盤的觀念中，沒有一定只取5分鐘為一盤的規矩。我們可以運用1分鐘的折線圖、10 分鐘的折線圖，或是30分鐘的折線圖運用，雖然週期不同，但交易的觀念卻大致相同，甚至日線週線也可以運用。

　　只是運用在分線時，必須注意時間切割的合理性，台灣股市的交易時間為4.5小時，也就是270分鐘，在做時間切割時必須是270的公因數才行，所以可以切成5分、10分、15 分、30分、45分等時間週期，但是不可以切成60分鐘，不合理的切割法就算找1萬個理由都是假的，因此在探討股市中的技術分析技巧時，首先要注意合理性的問題。

　　請看《圖1-3》。將5分鐘K線的收盤價連接起來的折線圖，就是一般開盤法研判的依據，本書在舉例時仍以傳統的時間切割即一盤5分鐘的分法說明，以符合讀者使用習慣。又因為台灣股市目前盤中的即時走勢圖已經改成連續圖，以前是用5分鐘收盤價連線，所以在使用時必須切換到主圖畫面以收盤價連線來觀察，吾人可以利用軟體功能自行設計5分鐘的折線圖。

　　除此之外，也可以根據個人不同需求，將畫面做出不同的設計與變化，本書提供的例子中，會顯示當日日線的開、高、低、收與成交量，並將每日的前三盤以黑點標記。此外，也將收盤位置與9:30和10:10的關鍵時間點畫出垂直線以茲分辨。當然也可以顯示每5分鐘的價差，以及其他構思，

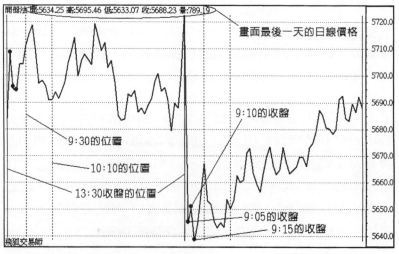

圖1-3　開盤以每五分鐘為一基本盤。

在此爲了說明方便，所以圖例力求簡明。

**開盤5分鐘後，「盤差」以7點以上為分界。**

盤差是指收盤價的差值要在7點以上，正常用在開盤時前3盤的強弱程度比較，至少要相差7點以上才能算是一個短線上的力道表現，或是用在研判盤勢是屬於強一高盤？或是弱一高盤？此外，在研判雙星盤的強弱時，也會運用這一個關鍵。盤中創新高眞假突破與否的判定也可以使用。

我們舉例說明盤差的用法，請看《圖1-4》。圖中每一個小圈圈代表一盤，兩個圈圈連續上升，所以這一個盤勢是二高盤(後續的章節將詳細說明)，9:10的收盤價是4706.38，後

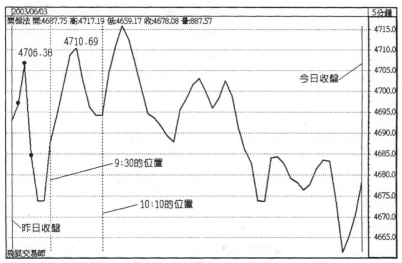

圖1-4 開盤五分鐘後，「盤差」以7點以上為分界。

續再創高峰轉折的收盤價是4710.69。因此,計算4710.69－4706.38＝4.31,盤差顯然小於7點,所以這是一個「弱雙星盤」。同理,如果盤差大於7點以上,才能稱為「強雙星盤」。

**短線趨勢以10:10為當日多空研判點。**

正常而言,盤勢如果在多頭趨勢時,開盤時呈現對多頭有利的情形,則在10:10前短線趨勢就會大抵塵埃落定,除非盤中出現「趨勢殺盤」。空頭走勢時同理可證。我們在下一張圖例中,搭配黃金比率方法研判(第三章將說明),很明顯可以看出在10:10之後的強弱走勢。

請看《圖1-5》。2003/08/27當日在10:10時,價位是落在0.618以上,雖然是壓回之後的反彈,但是開高盤對短線多頭有利,價位在10:10時對多頭也有利,因此才有中盤的短線上漲行情。而在2003/08/28當日,價位是開高之後壓回,10:10是落在0.382的價位之下,所以是屬於短線空頭有利,因此,造就了尾盤的下跌走勢。

**開盤量的研判必須配合當日盤態研判。**

此法不可單獨使用,且最好搭配9:05當盤的K線紅黑輔助研判。首先先將每日9:05這一盤的成交量捉出來作為參考的數據,稱為「開盤量」。當今日的開盤量比昨日的開盤量還要大時,稱為「增量盤」,假使是利用氣勢開盤,但是量增不足,就要先思考是籌碼被鎖定?或是向上攻擊的量能不

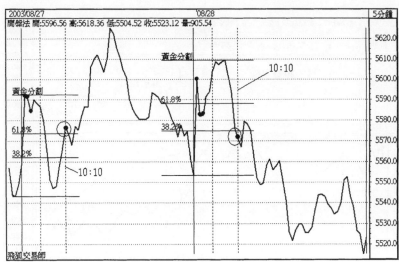

圖1-5 趨勢盤以10:10為當日多空研判點。

足？如果是低開增量，就要提防殺盤，所以有所謂的口訣
曰：**增量盤殺的凶**。

　　如《圖1-6》所示，即為加權指數在2003年8月5日當
天，開盤時以「增量盤」開出，開高之後，形成第一盤K線
收黑，縱使開高亦無作用，當趨勢跌破水平頸線之後，就開
始呈現殺盤下跌，所以當日是增量殺得凶，總共下跌117.74
點。

　　**必須確認日K線處於多空位置，以10日均線決定多空**。

　　利用10日均線只是一個方便的法門，多空的決定在於K
線趨勢與浪潮的位置，可以概略的分為多頭續多、多頭回

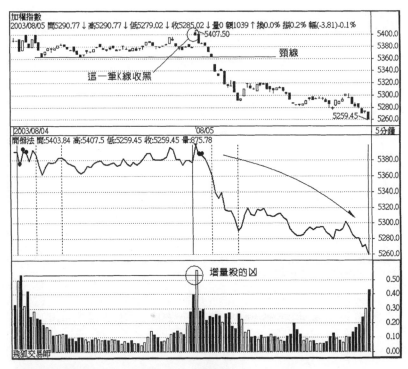

加權指數
2003/08/05 開5290.77↓高5290.77↓低5279.02↓收5285.02↓量0 額1039↑換0.0% 振0.2% 幅(-3.81)-0.1%

頸線

這一筆K線收黑

5407.50

5259.45

2003/08/04　　　　　　　　　　'08/05　　　　　　　　　5分鐘
開盤法 開:5403.84 高:5407.5 低:5259.45 收:5259.45 量:875.78

增量殺的凶

飛狐交易師

圖1-6 開盤量的研判必須配合當日盤態研判。

檔、多空互換、空頭續空、空頭反彈、空多互換。我們以10
日均線搭配圖檔來做一個簡單的說明。

　　在《圖1-7》中標示A的前一日，10日均線已經確定向
上，所以均線將發揮助漲力道，且K線已經在均線之上，所
以盤勢只要開高就對多頭有利，當然開高仍要考慮到是否為
氣勢開盤，或是K線型態的突破等等條件。顯然，標示A的
那一日是開高盤，故對多方有利，因此，盤勢得以持續向上

圖1-7　以10日均線決定多空。

挺升，在這樣的背景之下，只要開高，趨勢不會被破壞掉。

　　而在標示B的前面，是一個「母子」型態的組合，尤其是已經測試過10日均線了，因此只要出現低開，就會讓「母子」型態形成高檔轉折型態，也會讓10日均線再度受到測試，因此當日盤勢是不可以低開的，低開就對多方不利。

　　標示D這裡的情形類似標示B之處，而且是直接低開在

10日均線之下，而盤中的殺盤情形更大大彰顯了低開的不利現象。

標示C的地方我們可以看見，均線正呈現明顯的下滑走勢，有人常常形容正在明顯的下跌趨勢，就好像是一把鋒利的刀子往下墜，並不適合伸手承接。因為重力加速度會讓手掌割傷，也就是指股價明顯的下跌趨勢會讓進場的投資人嚐到受傷的滋味。因此，在這種背景下，通常開高盤只是曇花一現，所以編號C的開高走低，也就不令人意外了。

此外，傳統開盤法也重視開盤的強弱程度，例如9:05分開盤若高開60點以上為氣勢盤，8000點以上建議取1%，舉例來說，指數是8650點，第一盤收盤必須漲86.5點以上才可以稱為氣勢盤。如果低開60點以下為氣弱盤，8000點以上的取法與氣勢盤相同。請看《圖1-8》。

雖然利用氣勢盤或是氣弱盤來觀察強弱程度可行，但是往往氣勢開盤之後變成下跌收黑，原始趨勢竟然產生反轉，造成投資人不知所措的窘境。所以真正的重點在於注意高開，或是低開的位置，將它與前一日關鍵點作相互的比較，並且關心缺口被填補的程度，這些觀念遠比高開或低開多少點重要許多。

## 盤態力道與關鍵點

前文曾經提過，開盤法的取盤時間不一定要以5分鐘為

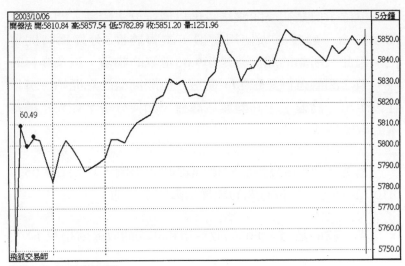

《圖1-8》氣勢盤開盤。

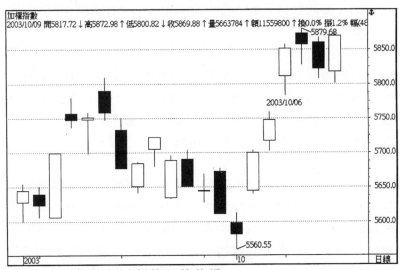

《圖1-9》氣勢盤開盤的日線位置。

一個單位，但是初學開盤法時仍以傳統分法較易入門，所以為了符合一般投資人使用習慣，本書將採5分鐘為時間單位。因此，所謂的開高盤是指9:05當筆的收盤，以及昨日的收盤價之間的差值是正數，從這一個開高盤的點開始，可以在衍生出一高盤、二高盤與三高盤，如何分辨？先來了解基本的取盤方式。

首先，利用5分鐘收盤價連線的走勢圖，取出在9:05、9:10、9:15等三單位時間的加權指數價位。則：

第一盤的數據＝9:05的收盤價和昨天的收盤價相減；

第二盤的數據＝9:10的收盤價和9:05的收盤價相減；

第三盤的數據＝9:15的收盤價和9:10的收盤價相減；

再以這三盤的數據決定是屬於一高盤、二高盤、三高盤，或是屬於一低盤、二低盤、三低盤。當只有第一盤是正數就稱為一高盤，第一盤和第二盤都是正數，就稱為二高盤，第一盤和第二、三盤都是正數，就稱為三高盤。低盤的看法就看是否出現負數，道理相同。

而從開盤法這三盤的走勢中，可以體驗到基本反應有下列模式，這一些模式的訊息是不考慮其他因素，單純的以漲跌作研判，當然套入盤勢中會失之偏頗，提出這些模式的目的是因為這些是思考的基礎，用這些基礎再加入其他模式給予增減盤勢的力道，開盤法的雛型才會產生，所以這些基本

反應對實戰雖無幫助，但是對於思考上的「連鎖變化」卻是最基礎的一環，讀者不能不知。

　　茲敘述如下：

1. 漲、漲、漲，暗示本日為多頭中的強軋空行情。

2. 漲、漲、跌，暗示本日為多頭中的軋空行情。

3. 漲、跌、漲，暗示本日為多頭中的盤堅行情。

4. 漲、跌、跌，暗示本日為多頭中的盤跌行情。

5. 跌、漲、漲，暗示本日為空頭中的盤堅行情。

6. 跌、漲、跌，暗示本日為空頭中的盤跌行情。

7. 跌、跌、漲，暗示本日為空頭中的追殺行情。

8. 跌、跌、跌，暗示本日為空頭中的強追殺行情。

　　關於開盤法當中基本盤態的辨識，是進入這一個技術分析領域的基礎，先認識、分辨這些盤型，才有辦法在盤中變化的瞬間迅速進行研判的動作。這些盤型有部分已經略作修正，若與讀者的認知產生差異，請自行選擇適合自己慣用的模式。

　　緊接著，就以三盤中的**漲跌幅度**定義其所代表的涵義。因為此三盤的時間已經固定，所以可以單純的每一盤幅度做相互性比較，這一個幅度的觀念從K線RSI演化出來的延伸技巧，較原始K線RSI的運用簡化，但是在輔助「開盤法」三盤力道的研判仍有相當助益。

　　在運用力道(即漲跌幅度)研判時，必須要注意三盤中的最高、最低與開盤點的相互關係，當然傳統的盤差不可偏廢，這裡要特別提出來的是以下的定義只討論到三盤的力道為止，三盤以後的時間點其變化更為繁複，無法以書本的模式敘述、探討，雖然在每一個模組後面會提出模組的解決方案，但是這並非一個絕對值，其中仍有相當寬廣的討論空間與變化方式，因此建議讀者可以以本書的觀念為基礎，舉一反三的擴大各類型的盤態運用，這也是本書的目的之一。

　　以下共列出三十二種基本的力道模型，每一種模型的意義、壓力支撐關卡、關鍵點的提醒分述如後，再次強調三盤以後的其他變化，並未列入討論範疇，請各位讀者明鑑。

## 一、漲跌漲的一高盤之一

　　**盤態模型**：請看《圖1-11》。第一盤漲幅較大，第二盤跌幅較小，第三盤漲幅更大。**型態意義**：上漲的幅度變大代表上漲力道增強，因此代表的是能夠持續上漲。**壓力關卡**：無。**支撐關卡**：以B點為觀察點。**關鍵觀點**：若以盤差觀點來看，C點宜大於A點7點以上，而B點的壓回不宜跌破A這一段漲幅的1/2。只要後續沒有跌破B點，就有機會形成「強一高盤」或是「強雙星盤」。

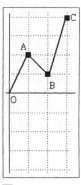

圖1-11

## 二、漲跌漲的一高盤之二

　　**盤態模型**：請看《圖1-12》。第一盤漲幅較大，第二盤跌幅有擴大的情形，第三盤漲幅縮小且未過A點。**型態意義**：回檔的幅度擴大代表上漲力道減緩，上漲未過高代表反彈力道不足，所以這一個盤態暗示尚在盤整過程。**壓力關卡**：以A點為觀察點，過高之後軋空或轉成強一高才能化解疑慮。**支撐關卡**：以B點為觀察點，跌破多頭不利，尤其是跌破O點。**關鍵觀點**：回檔B點以跌回第一段的1/2以下為標準，未轉成強一高前多頭暫勿躁進。跌破B點之後壓力下移到C點，未過前多頭沒有看好的機會。

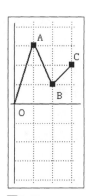

圖1-12

## 三、漲跌漲的一高盤之三

**盤態模型**：請看《圖1-13》。第一盤漲幅較大，第二盤跌幅縮小，第三盤漲幅較第一盤漲幅略小。**型態意義**：上漲的力道減緩，為多頭力竭的現象，有反轉的疑慮。 **壓力關卡**：無。**支撐關卡**：以B點和O點為觀察點。**關鍵觀點**：如果C點大於A點7點以上，且從C壓回時不破而B點則多頭暫無危機，跌破B點必須以「強一高盤」或是「強雙星盤」化解盤態的頹勢。

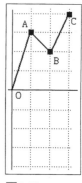

圖1-13

## 四、漲跌漲的一高盤之四

**盤態模型**：請看《圖1-14》。第一盤漲幅與第三盤的漲幅約略相等，雖然第二盤跌幅比第一盤小，但是接近第一盤的幅度。**型態意義**：上漲的幅度相同代表上漲力道尚存，回檔幅度過大代表賣出力道已經增加，屬於調整待變。**壓力關卡**：無。**支撐關卡**：以B點為觀察點。**關鍵觀點**：如果C點大於A點7點以上，且從C壓回時不破而B點則多頭暫無危機，跌破B點必須以「強一高盤」或是「強雙星盤」化解盤態的頹勢。如果是「弱一高盤」或是「弱雙星盤」則注意轉折，出貨盤多做此種類型。

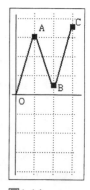

圖1-14

## 五、漲跌漲的一高盤之五

**盤態模型**：請看《圖1-15》。第一盤漲幅不大，第二盤跌幅擴大，第三盤漲幅與第一盤接近。**型態意義**：上漲與反彈的力道不足，下跌的力道增加，因此代表的是下跌走勢。**壓力關卡**：以A點為觀察點。**支撐關卡**：以B點為觀察點。**關鍵觀點**：這種盤勢不看「強一高盤」或是「強雙星盤」，在當下反彈未過A點時，沒有看好多頭的理由，最怕再形成趨勢殺盤。

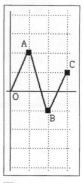

圖1-15

## 六、漲跌漲的一高盤之六

**盤態模型**：請看《圖1-16》。第一盤漲幅不大，第二盤跌幅擴大，第三盤反彈漲幅更大。**型態意義**：上漲的力道不足，下跌的力道增加，而反彈的力道更強，暗示多頭企圖心強烈，因此代表的是有機會持續向上挑戰壓力。**壓力關卡**：無。**支撐關卡**：以B點為觀察點。**關鍵觀點**：因為短線多頭已經表態，所以B點已經不可以再跌破，跌破之後將對多方相當不利。這種盤勢不看「強一高盤」或是「強雙星盤」。

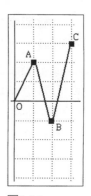

圖1-16

## 七、漲跌漲的一高盤之七

**盤態模型**：請看《圖1-17》。第一盤漲幅不大，第二盤跌幅擴大，第三盤反彈幅度較第一盤縮小。**型態意義**：上漲的力道不足，下跌的力道增加，而反彈的力道更弱，暗示為一高轉折盤，是屬於反轉盤態或下跌盤態，將向下測試支撐。**壓力關卡**：以O點和A點為觀察點。**支撐關卡**：以B點為觀察點。**關鍵觀點**：未過O點多頭沒有機會，未過A點不必看好，除非後續的走勢出現趨勢攻擊。

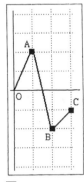

圖1-17

## 八、漲跌跌的一高盤之一

**盤態模型**：請看《圖1-18》。第一盤漲幅相對較大，第二盤回檔，第三盤的跌幅較第二盤縮小。**型態意義**：上漲的力道夠強，下跌的力道減緩，為多頭承接盤，仍有力道向上續創新高。**壓力關卡**：以A點為觀察點，壓力並不重。**支撐關卡**：以O點為觀察點。**關鍵觀點**：當C的回檔沒有跌破第一段幅度的1/2時最佳，而突破A點時觀察是否出現攻擊盤，最好能夠形成「強一高盤」或是「強雙星盤」。

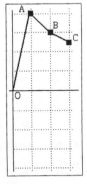

圖1-18

## 九、漲跌跌的一高盤之二

**盤態模型**：請看《圖1-19》。第一盤漲幅相對較大，第二盤回檔，第三盤的跌幅較第二盤增加。**型態意義**：上漲一段之後出現下跌，且下跌的幅度增強，爲轉折盤態，暗示多頭力盡。**壓力關卡**：以A點爲觀察點，壓力相當重。**支撐關卡**：以O點爲觀察點。**關鍵觀點**：這種盤態以C的回檔是否跌破第一段幅度的1/2以下，而突破A點時觀察是否出現攻擊盤，最好能夠形成「強一高盤」或是「強雙星盤」。

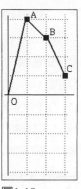

圖1-19

## 十、漲跌跌的一高盤之三

**盤態模型**：請看《圖1-20》。第一盤漲幅相對不大，第二盤回檔幅度超過第一盤，第三盤的跌幅與第二盤相當。**型態意義**：上漲一段之後出現下跌，且下跌的幅度增強，爲轉折盤態，暗示多頭力盡。**壓力關卡**：以O點和A點爲觀察點，A點的壓力相當重。**支撐關卡**：無。**關鍵觀點**：這種盤態對多頭相當不利，在時空背景不佳下，反彈到O點就相當艱難，若不立刻反彈突破A點，就沒有看好多頭的理由。此盤態不看「強一高盤」或是「強雙星盤」。

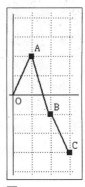

圖1-20

## 十一、漲漲跌的二高盤之一

**盤態模型**：請看《圖1-21》。第一盤漲幅與第二盤相當，第三盤回檔幅度相對較小。**型態意義**：連續上漲兩盤爲多頭表態，回檔幅度不大代表空頭氣勢較弱，所以盤勢屬於多方有利，股價將持續向上挑戰。**壓力關卡**：以B點爲觀察點。**支撐關卡**：以A點和O點爲觀察點。**關鍵觀點**：此盤態有機會形成「強雙星盤」。第一段上漲和第二段上漲的比較以增加爲宜，C點不破A點最強，正常是防守到上漲整段的1/2。

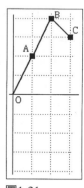

圖1-21

## 十二、漲漲跌的二高盤之二

**盤態模型**：請看《圖1-22》。第二盤漲幅較第一盤縮小，第三盤回檔幅度較第二盤或第一盤都要大。**型態意義**：連續上漲兩盤但漲幅縮小暗示多頭力道減弱，回檔幅度增大爲空方表態，因此爲多頭弱勢盤。**壓力關卡**：以B點爲觀察點。**支撐關卡**：以O點爲觀察點。**關鍵觀點**：通常C點會跌破上漲整段的1/2以下。此盤態宜轉成「強雙星盤」或多頭趨勢攻擊化解多頭頹勢，並在後續不破關鍵點。

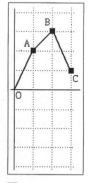

圖1-22

## 十三、漲漲跌的二高盤之三

　　**盤態模型**：請看《圖1-23》。第一盤漲幅與第二盤漲幅不大，第三盤的跌幅擴大並將整段漲幅吃掉。**型態意義**：連漲兩盤之後被一盤跌幅吃掉，代表空頭的力道漸漸增強，暗示空頭獲勝。**壓力關卡**：以O點和B點為觀察點，B點的壓力相當重。**支撐關卡**：無。**關鍵觀點**：這種盤態對多頭相當不利，在時空背景不佳下，反彈到O點就相當艱難，若不立刻反彈突破A點，就沒有看好多頭的理由。此盤態不看「強雙星盤」。

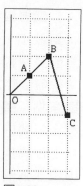

圖1-23

## 十四、漲漲漲的三高盤之一

　　**盤態模型**：請看《圖1-24》。第一盤漲幅較大，第二盤的漲幅與第三盤的漲幅遞減。**型態意義**：上漲的幅度越來越小，代表多頭的力道漸漸消失，不小心就會讓空頭趁虛而入。**壓力關卡**：無。**支撐關卡**：以A點和O點為觀察點。**關鍵觀點**：只要回檔不破A點都算是一個強勢盤態，萬一壓回幅度超過整段漲幅的1/2，就必須以「強雙星盤」或多頭趨勢攻擊來化解。

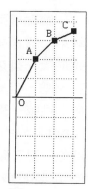

圖1-24

## 十五、漲漲漲的三高盤之二

**盤態模型**：請看《圖1-25》。第一盤漲幅相對較小，後續漲幅遞增。**型態意義**：連漲三盤且漲幅遞增為多頭力道漸增，屬於多方攻擊盤。**壓力關卡**：無。**支撐關卡**：以B點為觀察點。**關鍵觀點**：這種盤態對多頭相當有利，只要回檔沒有跌破B點和整段漲幅的1/2以下都屬多頭強勢，盤勢仍會繼續上漲，當出現「強雙星盤」時為另一個關鍵的開始，只要沒有破壞趨勢，這是一個對多有利的盤態。

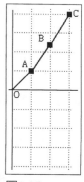

圖1-25

## 十六、漲漲漲的三高盤之三

**盤態模型**：請看《圖1-26》。第二盤漲幅較第一盤漲幅小，第三盤的漲幅擴大並為三盤最大。**型態意義**：漲勢略為停滯之後再出現攻擊，仍屬於多頭表態盤，多頭仍會持續向上挑戰。**壓力關卡**：無。**支撐關卡**：以A點和B點形成的支撐帶為觀察點。**關鍵觀點**：這種盤態對多頭相當有利，只要回檔沒有跌破A點和B點形成的支撐帶都屬強勢，盤勢仍會繼續上漲，當出現「強雙星盤」時為另一個關鍵的開始，只要沒有破壞趨勢，這是一個對多有利的盤態。

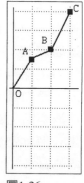

圖1-26

## 十七、跌漲跌的一低盤之一

**盤態模型**：請看《圖1-27》。第一盤跌幅較大，第二盤漲幅較小，第三盤跌幅更大。**型態意義**：下跌的幅度變大代表下跌力道增強，因此代表的是會持續下跌。**壓力關卡**：以B點和O點爲觀察點。**支撐關卡**：無。**關鍵觀點**：若以盤差觀點來看，C點宜小於A點7點以上，而B點的反彈若沒有超過A這一段跌幅的1/2，則下跌的幅度與力道將會較重，從C點反彈未過B點時不必看好多頭。

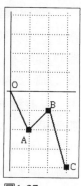

圖1-27

## 十八、跌漲跌的一低盤之二

**盤態模型**：請看《圖1-28》。第一盤跌幅較大，第二盤反彈有擴大的情形，第三盤跌幅縮小且未破A點。**型態意義**：反彈的幅度擴大代表下跌力道減緩，下跌未創低代表下跌力道不足，所以這一個盤態暗示尙在盤整過程。**壓力關卡**：以B點和O點爲觀察點，過高之後形成軋空才能化解多頭疑慮。**支撐關卡**：以A點爲觀察點，跌破多頭不利。**關鍵觀點**：反彈B點以彈至第一段的1/2以上爲標準，未過平盤前多頭暫勿躁進。突破B點之後支撐上移到C點，未破前仍在調整過程當中。

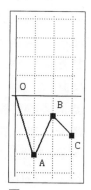

圖1-28

## 十九、跌漲跌的一低盤之三

**盤態模型**：請看《圖1-29》。第一盤跌幅較大，第二盤漲幅縮小，第三盤跌幅較第一盤跌幅略小。**型態意義**：下跌的力道減緩，為空頭力竭的現象，有反轉的疑慮。**壓力關卡**：以B點和O點為觀察點。**支撐關卡**：無。**關鍵觀點**：如果C點與A點的差距越小越好，此時能夠反彈突破B點則多頭就有機會，未過B點以前暫勿看好多頭。

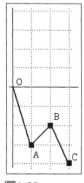

圖1-29

## 二十、跌漲跌的一低盤之四

**盤態模型**：請看《圖1-30》。第一盤跌幅與第三盤的跌幅約略相等，雖然第二盤漲幅比第一盤小，但是接近第一盤的幅度。**型態意義**：下跌的幅度相同代表下跌力道尚存，反彈幅度過大代表買進力道已經增加，屬於調整待變。**壓力關卡**：以B點為觀察點。**支撐關卡**：無。**關鍵觀點**：B點越接近平盤越好，如果C點與A點很接近則更佳，這樣對多頭有利。但是B點未突破前多頭暫勿看好，後續盤勢如果跌幅持續擴大則對空頭有利。壓低進貨盤多做此種類型。

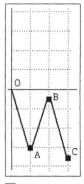

圖1-30

## 二十一、跌漲跌的一低盤之五

**盤態模型**：請看《圖1-31》。第一盤跌幅不大，第二盤漲幅擴大，第三盤跌幅與第一盤接近。**型態意義**：下跌的力道不足，上漲的力道增加，因此代表的是反彈走勢。**壓力關卡**：以B點為觀察點。**支撐關卡**：以A點為觀察點。**關鍵觀點**：這種盤勢只要不破A點，最好是在C點止穩，則多頭在突破B點時軋空就會上漲。若不過B點卻跌破A點，則會形成短線套牢，此時未過平盤前，沒有看好多頭的理由，且容易再形成趨勢殺盤。

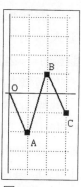

圖1-31

## 二十二、跌漲跌的一低盤之六

**盤態模型**：請看《圖1-32》。第一盤跌幅不大，第二盤漲幅擴大，第三盤跌幅更大。**型態意義**：下跌的力道不足，反彈的力道增加，而再下跌的力道更強，暗示空頭企圖心強烈，因此代表的是有機會持續向下測試支撐。**壓力關卡**：以O點和B點為觀察點。**支撐關卡**：無。**關鍵觀點**：因為短線空頭已經表態，所以B點未突破前多頭不必看好，能夠反彈到O點已經相當不易。

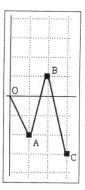

圖1-32

## 二十三、跌漲跌的一低盤之七

**盤態模型**：請看《圖1-33》。第一盤跌幅不大，第二盤漲幅擴大，第三盤跌幅較第一盤縮小。**型態意義**：下跌的力道不足，上漲的力道增加，而再下跌的力道更弱，暗示為一低轉折盤，是屬於反轉盤態或上漲盤態，將向上挑戰壓力。**壓力關卡**：以B點為觀察點。**支撐關卡**：以A點為觀察點。**關鍵觀點**：未破O點前不必看壞多頭，突破B點以軋空表態則注意壓回的買進訊號，除非後續再出現空頭趨勢攻擊，不然此盤對多有利。

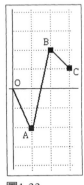

圖1-33

## 二十四、跌漲漲的一低盤之一

**盤態模型**：請看《圖1-34》。第一盤跌幅相對較大，第二盤反彈，第三盤的反彈幅度較第二盤縮小。**型態意義**：下跌的力道夠強，反彈的力道減緩，為空方有利，仍有力道向下持續探底。**壓力關卡**：以O點為觀察點。**支撐關卡**：以A點為觀察點。**關鍵觀點**：當C的反彈沒有突破第一段幅度的1/2時最弱，盤勢隨時會再下探新低，因此在跌破A點時不止跌，則將會形成短線空頭趨勢殺盤。

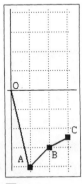

圖1-34

## 二十五、跌漲漲的一低盤之二

　　**盤態模型**：請看《圖1-35》。第一盤跌幅相對較大，第二盤反彈，第三盤的反彈幅度較第二盤增加。**型態意義**：下跌一段之後出現反彈，而且反彈的幅度增強，爲轉折盤態，暗示空頭力盡。**壓力關卡**：以O點爲觀察點。**支撐關卡**：以A點爲觀察點，支撐相當強。**關鍵觀點**：這種盤態以C的反彈突破第一段幅度的1/2以上時最佳，且越接近平盤越好，當壓回不破A點時，就有機會持續反彈。

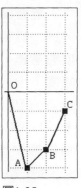

圖1-35

## 二十六、跌漲漲的一低盤之三

　　**盤態模型**：請看《圖1-36》。第一盤跌幅相對不大，第二盤反彈幅度超過第一盤，第三盤的反彈幅度與第二盤相當。**型態意義**：下跌一段之後出現反彈，而且反彈幅度增強，爲轉折盤態，暗示空頭力盡。**壓力關卡**：無。**支撐關卡**：以O點和A點爲觀察點，A點的支撐相當強。**關鍵觀點**：這種盤態對空頭相當不利，將有機會成爲一低承接盤，如果壓回連B點都沒有跌破，就會形成短線軋空，未跌破A點前，就沒有看好空頭的理由。

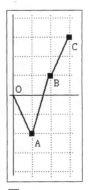

圖1-36

## 二十七、跌跌漲的二低盤之一

**盤態模型**：請看《圖1-37》。第一盤跌幅與第二盤相當，第三盤反彈幅度相對較小。**型態意義**：連續下跌兩盤爲空頭表態，反彈幅度不大代表多頭氣勢較弱，所以盤勢屬於空方有利，股價將持續向下探底。**壓力關卡**：以A點和O點爲觀察點。**支撐關卡**：以B點爲觀察點。**關鍵觀點**：此盤態屬多頭弱勢，從C點反彈未過A點最弱，彈不到下跌幅度整段的1/2亦同。此盤仍須注意持續探底，尤其是跌破B點時出現空頭趨勢追殺。

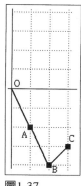

圖1-37

## 二十八、跌跌漲的二低盤之二

**盤態模型**：請看《圖1-38》。第二盤跌幅較第一盤縮小，第三盤反彈幅度較第二盤或第一盤都要大。**型態意義**：連續下跌兩盤但跌幅縮小暗示空頭力道減弱，反彈幅度增大爲多方表態，因此爲空頭弱勢盤。**壓力關卡**：以O點爲觀察點。**支撐關卡**：以B點爲觀察點。**關鍵觀點**：通常C點會反彈超過下跌整段的1/2以上。只要不跌破B點盤勢能繼續反彈，但是多頭要變強仍需要再突破O點之後呈現多頭趨勢攻擊。

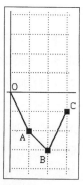

圖1-38

## 二十九、跌跌漲的二低盤之三

　　**盤態模型**：請看《圖1-39》。第一盤跌幅與第二盤跌幅不大，第三盤的漲幅擴大並將整段跌幅吃掉。**型態意義**：連跌兩盤之後被一盤漲幅吃掉，代表多頭的力道漸漸增強，暗示多頭勝出。**壓力關卡**：無。**支撐關卡**：以O點和B點為觀察點，B點的支撐相當強。**關鍵觀點**：這種盤態對空頭相當不利，連跌兩盤可以拉高，代表多頭強勢，尤其是不跌破O點更強，如果在壓回之後呈現軋空則更佳。沒有跌破O點以前暫勿看壞多頭。

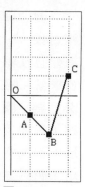

圖1-39

## 三十、跌跌跌的三低盤之一

　　**盤態模型**：請看《圖1-40》。第一盤跌幅較大，第二盤的跌幅與第三盤的跌幅遞減。**型態意義**：下跌的幅度越來越小，代表空頭的力道漸漸消失，不小心就會讓多頭趁虛而入。**壓力關卡**：以A點和O點為觀察點。**支撐關卡**：無。**關鍵觀點**：只要反彈沒有超過A點或是整段跌幅的1/2，多頭仍屬弱勢，空頭仍屬有利。

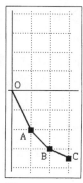

圖1-40

## 三十一、跌跌跌的三低盤之二

　　**盤態模型**：請看《圖1-41》。第一盤跌幅
相對較小，後續跌幅遞增。**型態意義**：連跌
三盤且跌幅遞增爲空頭力道漸增，屬於空方
攻擊盤。**壓力關卡**：以B點爲觀察點。**支撐關
卡**：無。**關鍵觀點**：這種盤態對空頭相當有
利，只要反彈沒有突破B點和整段跌幅的1/2
以上都屬空頭強勢，盤勢仍會繼續下跌，這
是一個對空有利的盤態。

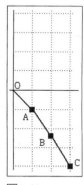

圖1-41

## 三十二、跌跌跌的三低盤之三

　　**盤態模型**：請看《圖1-42》。第二盤跌幅
較第一盤跌幅小，第三盤的跌幅擴大並爲三
盤最大。**型態意義**：跌勢略爲停滯之後再出
現下跌，仍屬於空頭表態盤，空頭仍會持續
向下測試。**壓力關卡**：以A點和B點形成的壓
力帶爲觀察點。**支撐關卡**：無。**關鍵觀點**：
這種盤態對空頭相當有利，只要反彈沒有突
破A點和B點形成的壓力帶都屬空頭強勢，盤
勢仍會繼續下跌，這是一個對空有利的盤
態。

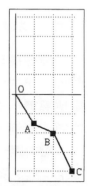

圖1-42

# 第 2 章
# 開盤法的演繹與常用盤態

　　從第一章可以大略瞭解開盤三盤力道強弱的運用之後，就能夠切入關於開盤法常用的基本盤態。這些基本盤態各有其名稱，以及比較顯著的走勢，然而走勢是不可以預測的，僅能合理推測，而盤中影響走勢的變數相當多，建議投資人不必特別強記該盤態的形狀，只要瞭解這個盤態應該注重哪個關鍵點就足夠了，掌握這些關鍵點，就足以研判走勢是屬於強勢，或是弱勢。

## 一點高盤

　　當開盤9:05這一盤與昨日收盤比較是上漲，而第二盤與第一盤比較是下跌時，就可稱為一點高盤。開盤的數字多寡與當時日線的位置相當重要，當開高超過60點以上，稱為**一高氣勢盤**，假設是在多頭趨勢的初期出現，盤中壓回不破關鍵點是準備作多的良機，尤其應特別注意當時的主流類股，並且觀察主流類股是否在9:15附近領先結束壓回而且出現反彈。

而盤勢在9:30前可以研判是否爲強一高盤或是弱一高
盤，研判強弱一高的重點在於9:30前是否突破9:05的高點7點
以上。當出現一高氣勢盤與強一高盤時，必須觀察主流類股
是否領先止跌、反彈，因爲該類股會帶領盤勢止穩並向上攻
擊，所以當發生這一類的一高盤時，時空背景正巧又逢多頭
漲勢發動初期，宜注意當時主流類股的變化。

## 強一高盤

當開出一高盤之後，只要在9:30前突破開盤點7點以上，
就可稱爲強一高盤。出現強一高盤，先取關鍵支撐點觀察，
請看《圖2-1》所示，一般取9:30前的正反轉的頓點爲支撐，
如圖中標示A的地方，再取上漲段的1/2爲關鍵，即圖中標示
B的地方。

在多頭的**趨勢**背景中，當盤態出現強一高盤時，尾盤容
易持續上漲，K線是收紅的，尤其是在關鍵支撐點都沒有被
測試的情形下。然而上漲過程中遇到重要關鍵點的壓力時，
強一高盤不過是衝高的工具罷了，此時反而會在衝關之後出
現打壓，因此在這種情形下要小心殺尾盤，導致K線收黑或
是股價下跌。

因此當此盤態出現在漲勢**初期或末期**的分辨就顯得相當
重要，初期容易由主流股帶領衝關成功，股價會持續上漲，
末期在遇到壓力時，衝關之後就會壓回，此時強力作多者往
往成爲烈士，因此逢前波逃命高點、頸線高點、殺多高點與
次級浪高點，或是均線、缺口、指標的壓力時，追價必須謹

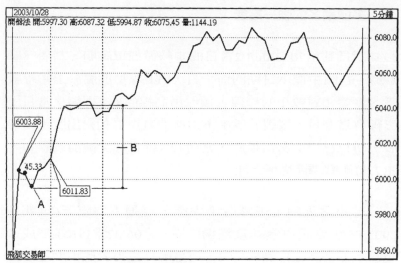

圖2-1　強一高盤完成的關鍵位置點

慎。

　　而盤勢是在盤整的行情中，尾盤仍有收紅的機會，因為是盤整趨勢，開出強一高盤之後形成的正反轉點沒有跌破之前，盤中若出現賣均張大增之後的壓盤，反而是短線買進的機會。

　　空頭行情中，出現強一高盤的盤態，最好9:30前的指數曾經大於開盤點的數字兩倍以上，這樣的反彈力道才能顯現，也才有機會在空頭背景下出現收紅，不然往往仍是收黑，收黑則代表強一高盤失敗，高檔有人短線逃命，也暗示在空頭行情下的反彈即將結束。

## 多頭續多的強一高盤

這裡利用2003/06/02當日的走勢做簡單說明，請看《圖2-2》。在圖中標示日期的前一日，其K線型態屬於上影線較長、實體相對較小的棒線，類似吊高線的K線型態。當日上影線會這麼長，肇因於盤中主力群與實戶群相繼出脫手中持股，所以呈現盤勢被摜壓，當時日K線正好突破前波壓力，主力群順勢調節堪稱合理。

結果當天晚上美國股市大漲，逼迫主力隔天(也就是2003/06/02當天)順勢再度進場拉抬，當06/02當日K線形成，也暗示盤勢將上推到5009.2，這是因爲主力於此再度進場，利用槓桿原理計算出來的結論。至於是如何知道前一日主力群在做調節？主要是利用技術分析中的買賣均張變化，搭配盤中走勢圖形與成交量變化所做研判。

其實就算不知道主力進行調節，做爲一位後知後覺者，當看見上影線很長的棒線，暫時視爲一個壓力或是即將變盤的線型，既然如此，根據K線操作的基本原理，在這樣的線型之後，開盤位置就相當重要，最好是開高盤，如果無法將昨日最高點克服，至少要將昨日盤中的次級浪高點或是關鍵的殺多高點克服，在盤中走勢最好能出現「強一高」或是強雙星之類的強勢盤，那麼盤勢就可以從回檔變成持續軋空的走勢，在多頭背景下，是一個強烈作多的暗示。

接下來檢視2003/06/02當日盤中走勢，請看《圖2-3》。

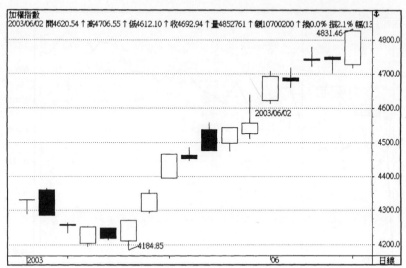

圖2-2　2003/06/02大盤的日線位置圖

當日一開盤是高開72.91點，就開盤法而言，稱為「氣勢開盤」，9:10之後出現壓回，壓到9:15之後，接著出現正反轉向上，因此9:15這裡出現第一道支撐，盤勢接著向上拉抬，在9:25時收盤價為4643.87，與9:05的收盤價比較後盤差為4643.87－4628.81＝15.06，且在9:30前完成，所以又為「強一高盤」，這時候出現第二道支撐，也就是從9:15到9:25拉抬的漲幅中取其中值為觀察。

　　這一個盤態屬於強勢有幾個明顯特徵，第一個是開氣勢高盤之後的壓回極少，屬於很強勢的走勢；第二個是形成強一高盤。最後的買點是在壓回第二道支撐附近，沒有跌破支撐又再度拉抬創下新高時。當我們發現盤中走勢將昨日高點

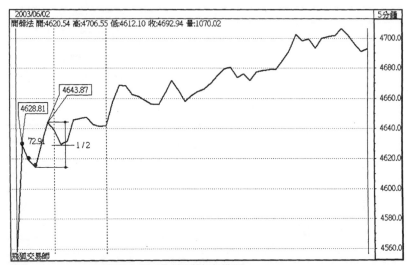

圖2-3 2003/06/02當日大盤5分鐘折線走勢圖

突破之時,就可以大致推知今日是一個收中紅的格局。

　　《圖2-4》所舉的例子稱爲「一高雙星弱勢盤」,雙星盤的定義稍後會說明。整個交易策略的思考邏輯是「陰母子」型態被長白線突破之後,在已經滿足許多預估目標區的背景下,我們可以懷疑在8/22當日容易出現多頭力道用盡的疑慮,這種多頭力道的竭盡與空頭趁機肆虐的反作用力,稱爲**空頭抵抗**,一般而言,空頭抵抗的力道來源有三:

　　一、可能是短線獲利的賣壓,包括:所有主力、實戶、
　　　　散戶。

　　二、可能是上一個波段的解套賣壓。

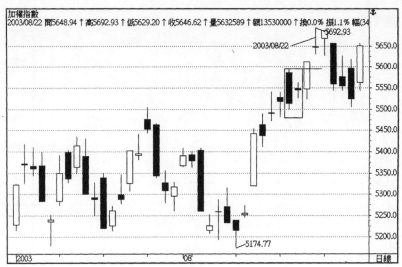

圖2-4　2003/08/22當日大盤日線位置圖

　　三、可能是短線空頭進行放空動作的賣壓。

　　既然會有短線空頭的抵抗壓力，再加上短線目標區已經
滿足，所以盤中走勢容易出現區間震盪，K線實體會較小，
為小紅小黑棒的格局，但是容易價漲，短線可以先行獲利出
場。然而仍屬於日線強勢上漲中，並不適宜強力作空。

　　接著我們來觀察當日的5分鐘走勢圖。

　　請看《圖2-5》，當日第一筆開高為漲，第二筆跌，第三
筆漲，所以為漲跌漲的盤堅行情，這種盤的重點在於是否形
成強一高或是強雙星，強一高在9:30以前研判，當後續盤差

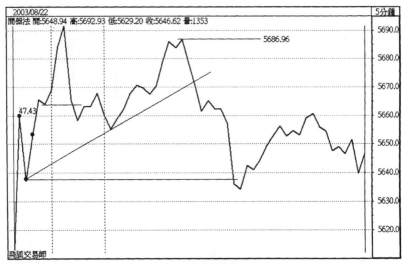

圖2-5 2003/08/22當日大盤5分鐘折線走勢圖

上漲超過7點以上，才算是強一高盤，此盤符合這樣的定義。

　　無論成為何種盤態，第二盤的低頓點是一個重點支撐，我們可以看見該頓點所畫的水平頸線被跌破之後出現反彈走勢，這是股價的慣性所致。

　　當然在盤中也可以善加運用趨勢線的法則，我們可以取9:30以前的正反轉低點，以及10:10以後正反轉的低點連接成一線，破線懷疑是反彈結束，而破線前的收盤高點，稱為「**短期頭部**」，如果這一個高點無法突破，則定位成主力大戶的出貨點，而這一個價位點是5686.96，隔一天的最高點也就是2003/08/25當天的最高價＝5686.85，這難道是巧合嗎？

### 多頭回檔再突破的強一高盤

通常突破格局發生在多頭時，股價進行回檔整理結束之後，以2003/08/13當天為例，請看《圖2-6》。而個人的網站上在每日盤後貼圖中曾這樣分析短線：

**2003/08/11當天收盤後分析**：明日理應多頭抵抗，故有反彈的機會。短線多頭戰略，先高開(機會很大)5221以上，壓回不破5217.5短線多頭就有機會。當然一舉突破5231最佳。總之突破後的壓回不要破壞短線多頭的格局，多頭就有機會形成反彈格局。

**2003/08/12當天收盤分析**：反彈是否持續？端視明日是

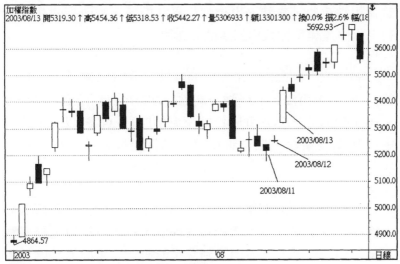

圖2-6 2003/08/13當日大盤日線位置圖

否出現共振。明日只要高開,就有機會了,最好是開高走高,收個紅棒。而高開要將氣勢做出來,一舉攻過5274以上,壓回作峰耀星或峰輝星;如果低開去撞5274,則需要較多的力道,若後繼無力容易造成回檔過深。另外不宜開的太高,如高到接近5320.5或5340附近,則短線浪潮已經暗示走完,除非擴大。

從08/11說有機會反彈,到08/12當天說明日應該出現共振收紅棒,也就是說在08/13當天最好高開,高開之後氣勢就會出現,那麼盤中只要保持趨勢沒有變壞,多頭就會持續反彈,因為這是從下跌轉成上漲的格局,過程中必定會以突破盤表態來突破關鍵壓力,所以稱為**突破格局**。

既然已經知道2003/08/13當天以開高盤為佳,當然第一盤就相當重要,氣勢一出來就容易共振。這裡所指的共振是利用兩條差離指標找出對應的變盤點。

請對照《圖2-7》。果然一開盤就上漲73.49點為「氣勢開盤」,壓回後再漲,形成強一高盤,即9:30前漲超過73.49+7=80.49點以上,當然此時已經超過預期的5340點以上,暗示短線利潤被壓縮,只有將短線浪潮持續擴大,才有短線利潤。

如何將短線浪潮擴大?只要形成強雙星盤,再觀察趨勢為峰耀星或是峰輝星來比較強弱程度,就可以推算短線浪潮將延伸到什麼地方,然而等到雙星盤研判完畢股價早就又漲

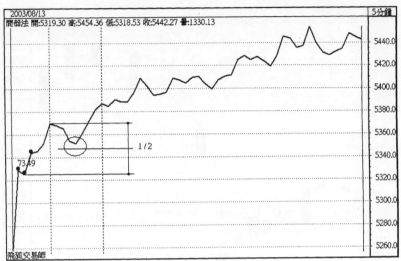

圖2-7　2003/08/13當日大盤5分鐘折線走勢圖

升一段，頗有來不及的感嘆，這裡有一個特別的技巧，通常在出現氣勢開盤的強一高盤之後，如果9:30之後的壓回是前一段的1/2附近，立刻又出現轉折向上的增量盤，就可以介入當時的強勢股積極做多。

所以這是短線反彈轉換成為共振上漲的突破格局，盤中走勢也會出現延伸，但是漲得太快，短線利潤被壓縮是無庸置疑，因此隔一天就非常容易會出現震盪盤，而且以收黑居多，這是「空頭抵抗」的慣性使然，請看《圖2-6》即可明白。

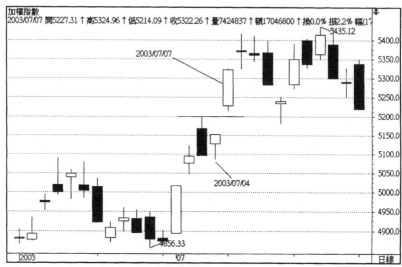

圖2-8 2003/07/07當日大盤日線位置圖

### 多頭趨勢中續漲的強一高盤

　　請看《圖2-8》。在當時整個日線格局被定位成強勢反彈行情，這是針對6484下跌而言，如果將6484～3845利用第三章的黃金比率觀察，就可以知道強勢反彈目標約在5476左右，所以這裡算是大格局鄰近高檔的追高風險區，大格局與小格局研判不宜混淆，應該要分的清楚，不然容易陷入胡亂猜測的迷魂陣當中。

　　就小格局而言，這是一個連續漲升的格局，而在個人網站中2003/07/04的盤後貼圖解析：要將整理結束呈現多頭氣勢，關鍵就在5172之後的變化，這是短線觀察重點。明日在9點30分前會出現空頭抵抗，可以嘗試用開盤八法觀察。而

多頭要強勢，須突破壓力5172之處呈現軋空，並壓回逢撐，才有往5198挑戰的能力，未如此，懷疑仍在震盪盤勢中。

　　盤後做好功課，接下來就是盤中變化的運用了。既然要想辦法突破5172，又要開盤法能套進去使用，那麼走何種盤勢才會有利呢？答案應該很明顯，不過仍以開盤走勢定奪。

　　一般要讓趨勢上漲，比較常見的就是強雙星盤、氣勢開盤或強一高盤之類，從《圖2-9》可以看見，開盤後第一盤漲86.69點，為氣勢開盤，一舉突破5172點，等於設定的壓力觀察點被跳空站上，因此回檔守住缺口1/2以上支撐，對盤勢就會有利。

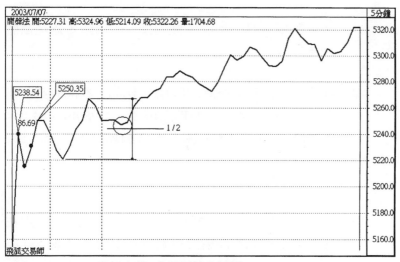

圖2-9　2003/07/07當日大盤5分鐘折線走勢圖

　　而在9:30形成強一高盤，因此壓回考慮做買進動作，因為壓回沒有跌破9:10的正反轉低點，所以多頭走勢仍然不變，如果因為壓回太深不敢進場，可以考慮在形成雙星盤之後才考慮，但是這裡的進場只能做短線，不能有死抱活抱的觀念，因為這裡已經是低點算起來的第7天，時間上對多頭有相對上的風險。

　　在10:10前形成強雙星盤，至此大抵已經確認是連續漲升的格局，因此短線買點就在壓回前波1/2之處附近再出現正反轉就可以切入短線的強勢股，進場以做短線為操作策略。

　　當然，有投資人會認為在氣勢開盤時就可以大膽切入，這樣的操作必須建立在幾點觀念：

一、敢買就要嚴設停損點，控制投資的風險，避免高開後走低。

二、開高後壓回走勢不宜回破1/2，例如：在開盤第一盤時漲86.69，壓回時的低點就不宜跌破86.69÷2＝43.34點，也就是不能漲少於43.34點以下。

三、在9:30沒有形成強一高盤要當心。

四、在10:10前沒有形成強雙星宜逢高準備出脫，因為在相對高檔的氣勢開盤形成弱雙星，容易形成小紅小黑的格局。

## 弱一高盤

　　當開出一高盤後，9:30前無法突破開盤點7點以上，稱爲弱一高盤。出現弱一高盤，一樣取出關鍵點觀察，請先看《圖2-10》所示。出現一高盤，9:05的頓點未被突破時視爲壓力，即標示A的地方。當跌到9:15時如果出現正反轉的頓點，則此頓點爲支撐，如標示B的地方，沒有出現正反轉則忽略這一個地方。從《圖2-10》，可以明顯感覺標示A的頓點畫一條水平頸線就是壓力位置，這裡就算被突破也要先拉回。

　　另外一種模式是9:15出現正反轉的低頓點，請看《圖2-11》所示，開一高盤之後9:05這一個點(標示A)就是壓力，再壓回到9:15形成正反轉(標示B)便形成支撐，隨後股價拉抬過標示A的水平頸線，因爲過高的幅度盤差不足7點，所以無法形成強一高盤，加上過壓力高點的慣性是回檔測試支撐，因此拉回是屬於正常合理的走勢。在支撐沒有被跌破的情形下，弱一高盤才有機會形成上漲的格局。

　　投資人可能會有點疑問，同樣是開一高盤，爲什麼有的會形成強一高，有的卻形成弱一高？其實說穿了是很簡單的原則，就折線角度而言，關鍵在於壓回的幅度深淺。請大家比較《圖2-3》、《圖2-10》與《圖2-11》之間的差異，一個是開盤的幅度比較大，製造出有利於回檔的空間，多頭就容易防守；另一個原則是壓回的幅度如果比較淺，容易醞釀再度衝高的力道，壓回的幅度如果比較深，想要再衝高就會花

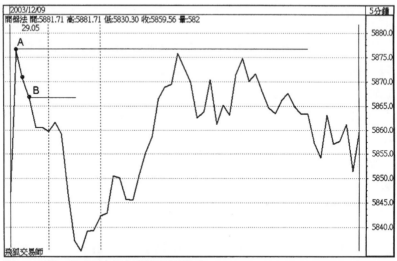

圖2-10 弱一高盤完成的關鍵位置點之一。

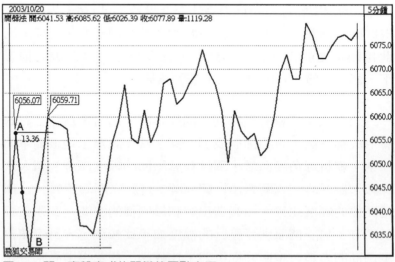

圖2-11 弱一高盤完成的關鍵位置點之二。

費多頭較多的力氣，一般壓回的幅度我們會取開盤差幅的1/2作為觀察、比較。

除了盤中走勢研判，時空背景對盤勢更具有決定性影響。如果在多頭行情中，出現弱一高盤，只要能守住支撐點，尾盤收紅上漲的機率頗高，但是通常會留下比較長一點的上影線，或是價漲收黑。這一個盤態要注意在相對滿足區，例如：滿足等浪、擴大浪或是二吐的測幅時，宜留意是否為高檔出貨盤。

如果是氣勢開盤但是卻形成弱一高格局，通常是一個高檔震盪的大漲盤，但是K線實體會比較小，與前一日會留下完全缺口*。在盤整格局，開一高盤最容易產生弱一高格局，尾盤收黑或是收小紅，當出現殺尾盤時，注意是否為盤整結束的起跌點或是盤整區間的相對高檔，暗示明日即將回測盤整區間的低檔區。

在空頭格局中，如果出現第一盤開盤增量，第三盤無法形成正反轉，或是正反轉後受制於第一盤的壓力，並再度跌破支撐時，宜防是一個重挫的格局，通常會殺尾盤。

---

*缺口在實戰過程中分成三類：分別是實體缺口、完全缺口與虛擬缺口。實體缺口是忽略上下影線，以實體觀察有沒有缺口的存在，通常運用在酒田K線型態的研判上；完全缺口必須考慮到上下影線來觀察，這種缺口在特別的位置具有測量的意義，又分成突破缺口、逃逸缺口和竭盡缺口；虛擬缺口又稱美式操盤法，與美國無關，是因為該缺口源自於美國線的研判，實戰中的進出與關鍵點，多以虛擬缺口為主。

### 滿足區的高檔出貨盤

我們先從「高檔出貨盤」談起。在多頭漲勢的末期如果開盤開得太高，就必須提防是否為「高檔出貨盤」，出貨盤的研判重點在於接近測量幅度滿足區，最好是開高在滿足點之上。而當第二盤與第三盤壓回的幅度太深，甚至跌破平盤時，就會有出貨的疑慮。當然這些研判的原則不一定要全部成立，只要對浪潮與K線有一定程度的認識，就可以在相對高檔處作出適切的研判。而如果盤中可以搭配筆均張、成交量與江波圖的細微變化，更可以增加其信度。

請看《圖2-12》。在2003/01/23當日是一個「高開出貨盤」的標準範例之一，當時盤態的情況並不明顯，也就是大部分的散戶投資人無法分辨當時的盤勢是否出現危機，尤其是當日留有跳空缺口。

我們以技術分析測量滿足點位於5099.61，加上前一段下跌的逃命棒線高點＝5171.51，低點＝5043.04，等於說只要持續上漲就很容易撞到重壓力並滿足目標區。根據K線原理，除非這裡持續軋空，不然不容易持續上攻，如果出現收黑不利於多頭的K線型態，很容易回頭測試跳空缺口的支撐力道，並對股價進行大幅度的修正，加上當時已屆年關，所以現金需求量會比較大，容易出現賣股票換現金的變現賣壓。所以在開出一高盤之後滿足測量目標，呈現高檔區間震盪的盤勢，最起碼要將手中的弱勢股出脫。

圖2-12　2003/01/23當日大盤日線位置圖。

　　出脫手中的弱勢股只有兩個很單純的理由：一是出現當日K線突破標示A和B兩根K線的高頻點，一舉突破兩個壓力，後續容易出現止漲休息的走勢，稱為「空頭抵抗」。另外，生命K線的原理告訴我們大盤的滿足區被穿越之後，很少沒有不拉回的。在當日已經穿越測量的目標值5099.61情形下(當日最高點是5102.77)，當日或是隔日先將持股出脫，是一件想當然爾的反應。當然，在日K線的確認上，仍然必須等到缺口被填補，而生命K線邏輯是在2003/01/23當日就已經知道幅度滿足，隔一日將出現空頭抵抗的慣性走勢了。

　　日線格局談完之後，再回到5分鐘線的走勢來探討，從《圖2-13》來看，第一盤開高之後無論以後盤勢是否發展出強

或弱一高，只要出現負反轉則第一盤就暫時視為壓力，待壓回到9:15開始出現正反轉，則該頓點為支撐，圖中即畫上水平頸線備用。

等到反轉向上突破第一盤的水平頸線，已經超過9:30的時間，所以沒有機會形成強一高，盤態就定位成弱一高盤。請投資人不要忘記盤態的慣性，當突破第一盤的壓力之後，合理的走勢是要進行回檔測試支撐，只要支撐(重點在第三盤的正反轉頓點)沒有跌破，在當時的時空背景下，容易收尾盤上漲收紅，但是會留下上影線。

從圖中果然發現第三盤的水平頸線沒有被跌破，因此是一個收紅的格局。如果知道是出貨盤呢？除了日線的位置之

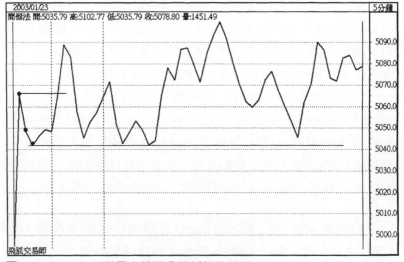

圖2-13　2003/01/23當日大盤五分鐘折線走勢圖。

外，通常出現這樣開高的一高盤，沒有出現強一高，也會出現強雙星盤，結果只是一個弱勢的格局，如果這一個盤勢是出現在下跌趨勢中，逢反彈可以準備經營空單。在多頭中趕緊觀察當時的主流類股是否為投機股的天下？如果績優股已經呈現日線格局的頹勢，投機股也暴量震盪不漲，那麼就會開始當心自己所持有的多單了。

### 多頭轉空的弱一高盤

在《圖2-14》中，盤勢於滿足高點的位置之後(圖形中的5141.80點)，出現一筆長黑棒線同時跌破三個低頓點，我們可以根據這樣的行為認定殺盤力道是很重的，同時上面幾筆棒線都屬於套牢，因此隔一日雖然依照K線慣性會出現日線的「多頭抵抗」，但是抵抗情形如何，將決定後續盤勢發展，所以不宜出現弱勢開盤，因為要扭轉相對不易，抵抗也容易失敗。

而在長黑棒線跌破的當時，頭部已經形成，因此視為多頭轉空疑慮的格局，要將此格局的頭部現象消弭，只有利用「盤頭盤底」的轉換行為化解，未化解前，均視為回檔或是空頭背景，開出的盤態以空頭角度思考。

請看《圖2-15》，開盤幅度只有0.26點，也算是開高，但是在昨日破頸線的壓力下，開這麼小幅度的高盤，容易遭逢攢壓的走勢，隨後連續下跌到第三盤形成正反轉，立刻可以定位第一盤是壓力，第三盤是支撐，支撐跌破將會續跌，未

圖2-14　2003/02/07當日大盤日線位置圖

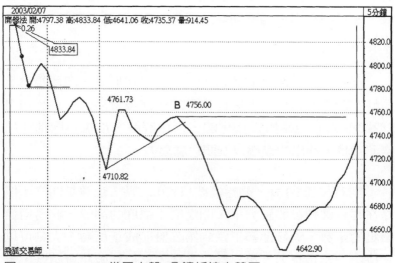

圖2-15　2003/02/07當日大盤5分鐘折線走勢圖

過壓力前不必看好多頭。

　　結果盤勢在跌破第三盤頓點之後，再殺兩段，並於10:10之後出現兩段反彈。就個人操作經驗與盤態慣性，殺三小段後出現兩小段反彈爲正常走勢，反彈後低點所畫出的上升趨勢線，往往會將三小段的幅度往下再吃掉一倍左右。

被跌破

　　又因爲今日是多頭抵抗日，容易收下影線，因此在接近低檔滿足區出現短線不想跌的訊號時，短線指數空單可以考慮先行回補。

　　請看《圖2-16》。當日日線背景是處於高檔反轉急下的

## 空頭續空的弱一高盤

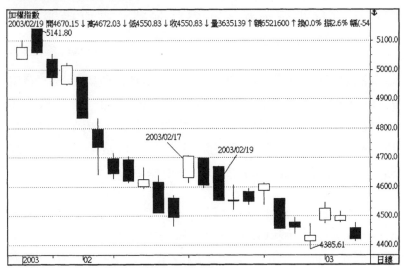

圖2-16　2003/02/19當日大盤日線位置圖

下跌之後，出現的反彈波動當中，在2003/02/17當日出現中長紅，隔一日隨即轉弱下跌。因此處於一個弱勢反彈的格局。

　　我們可以說2003/02/17當日的中長紅，應當有不少人進場搶短，很可惜的是2003/02/18沒有再創高點，反而出現下跌走勢，因此搶短者必定遭逢套牢，在未來如果開高盤，短線上就會遭逢解套賣壓，故可以研判：除非2003/02/19當日可以開高盤直接衝過02/17當天的高點，不然當日必定遭逢短線極大的賣壓，開高會形成解套賣壓，開低會出現停損的賣壓。而在下跌走勢當中出現的賣壓，常常會以追殺盤表示，盤態也會出現類似波浪理論當中的5－3－5下跌模式。

　　所以盤勢要如何開盤才能對多方有利？只有開高之後不壓回，直接挑戰高點，不然就強勢一點直接開高在2003/02/17的高點之上。

　　請看《圖2-17》，我們在2003/02/18當日收盤之後，發現對多頭相當不利，故可以研判明日開高盤仍有一線生機，開高之後的走勢只有兩種：一是直接開高走高，突破02/17當筆長白線的高點；一種是直接開高突破02/17當筆長白線的高點。不管是哪一種，對多頭都是一項艱鉅的任務。

　　開盤後第一盤開高54.6點，第二盤下跌，第三盤上漲，形成第二盤是一個低頓點支撐，壓力則取第一盤觀察。結果跌破頓點支撐，這是多頭第一個敗筆，並在9:30時跌破開盤

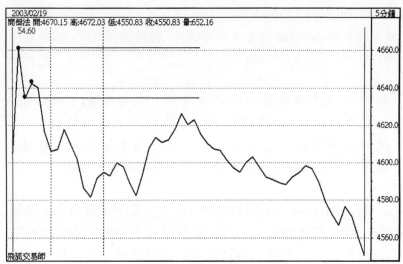

圖2-17　2003/02/19當日大盤5分鐘折線走勢圖

價，這是多頭第二個敗筆。跌破~~開盤~~價的代表當時日K線已
經收黑，所以在空頭中反彈無力的格局下出現的下殺盤，容
易直接下殺到10:30左右，再出現短線反彈，反彈弱勢就會再
繼續創低。

通常出現這樣的弱勢盤，當日低點會出現在臨近收盤之
處或是收在最低點，就算出現一點點的下影線隔日仍有比今
日還要低的低點產生，所以不宜進場搶短。

### 盤整格局的弱一高盤

請看《圖2-18》，以2003/04/11當日的走勢來說明盤整格
局。在2003年封關過農曆年前，一般投資人仍存在多頭持續

上漲的期待中時，個人曾在網站發文提出將會出現回檔的疑慮，而在回檔的過程中，同時要注意長線買點的來臨，在2003/02/11當天並明確指出：

回檔反而是注意買點的最佳時機，長線投資人以跌破4215再來考慮…，投資人仍宜多加注意長線趨勢翻多回檔於底部盤旋的質優電子股，以及尚未發動的質優股票，除了上述股票，也可以注意創月線新低之個股…。

所以04/11當天正處於4240.6以來的反彈相對高檔，之前股價亦尚未跌破4215，因此在這裡要注意弱勢盤態的出現對股價反彈走勢的影響。當然後來4215是跌破了，就是台股因為SARS陰霾重挫的那一段走勢被跌破的，跌破的那一天正

圖2-18　2003/04/11當日大盤日線位置圖

好是2003/04/28，創下此波下跌以來的最低點4044.73，並從此展開一段強勁的反彈攻勢！

　　從這樣的思考方向應該很容易定位日線背景，即當時是反彈波動中的盤整盤，且已彈升一段時間，又2003/04/10當天是一根上影線很長的類似「避雷針」，等於是說在盤整高檔有兩根避雷針，因此必須懷疑盤勢要壓回製造繼續反彈的空間，或是出現反轉。

　　假設反彈尚未結束，盤勢壓回製造上檔空間讓股價持續反彈是一種波動慣性。這是盤整盤的特性，設想上檔有一個很重壓力，硬攻又攻不過去，股價卻要持續反彈，故將股價壓回讓空間出現，才有高高低低的波動行情。

　　因此在盤勢硬衝卻衝不過去的情形下，先回檔是一種「順勢」的行為，就好像兩軍打仗，攻不過去時先將兵馬拉回，進行休養與補給的道理相同，因此利用開盤法研判就相形簡單了，強一點的盤勢會造成小紅小黑，弱一點的盤勢就會形成殺盤。

　　請看《圖2-19》，當日開小高盤漲4.79點後，將開盤點的高低頓點捉出來，畫頸線以利觀察，圖中顯示穿過壓力之後，拉回不破上漲段的1/2再度拉高，並在10:10附近形成短期頭部而迅速拉回，因為日線背景暗示硬衝不易過關，更何況開小高氣勢不夠，不排除壓回測試前盤的支撐。

　　拉回過程中先破第一道頸線並出現反彈，反彈結束之後

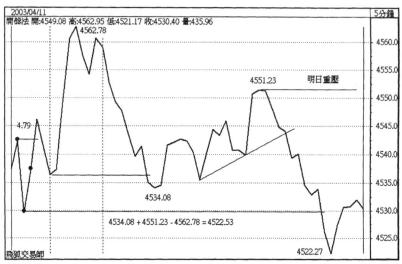

圖2-19　2003/04/11當日大盤五 分鐘折線走勢圖

再跌，起跌高點為今日的次級浪高點，為明日短線重壓。從
4551.23起跌，正常會吃掉第一段下跌的幅度左右，檢視後來
的下跌幅度，計算出＝4543.08＋4551.23－4562.78＝
4522.53，與圖中最低點4522.27不謀而合，而隔一日的最高
點只來到4549.64，也是沒有突破重壓4551.23點。

# 二點高盤

　　當開盤9:05分這一盤與昨日收盤比較是上漲的，第二盤
與第一盤比較也是上漲，第三盤與第二盤比較卻是下跌，可
以稱為二點高盤，第一盤仍然需要觀察是否開高超過60點以
上的氣勢開盤，在漲勢初期出現二高盤通常是指標股或是大

型股之類的主流領先衝關，所以當日出量是必然的行為，在第一盤9:05的量也會較前一日增加，在江波圖會出現買均張大於賣均張的情形發生，所以只要在日線背景屬於漲勢初期或是反彈第一天出現，都可以在盤中逢壓回積極作多，於多頭行情中，當日收中紅、長紅，但是需要注意KD指標在空頭最後防守位階之處所產生的變化。

如果在漲升末期或是盤整末端，就不容易持續讓日線走出軋空走勢，反而以盤堅盤居多，萬一出現弱雙星盤且指標處於高檔時，需要注意軋空不成反作頭！尤其是出現量價背離時更形真確，因為主力大戶會利用這樣的走勢趁機出脫手中持股。此時以收小紅實體或是小黑實體居多，若正逢KD指標在空頭防守位階之處，隔一日就必須注意股價將有極高的機會進行拉回。

漲升末期出現的二高盤，通常會呈現多頭力竭的現象。所謂多頭力竭是指股價趨勢處於漲升的中段或是漲升末期，這一部分可以用「測量法」定位，尤其位置是在漲升末期，就必須當心獲利回吐的反壓，當日也容易形成小黑K作收，且留下較長的上影線，因此被稱為「多頭力竭」。

如果是在盤整走勢，其日線背景為盤堅盤走勢，在低檔為起漲盤，所以壓回逢撐可以介入，如果在盤堅盤的相對高檔，表示多空看法容易分歧，也容易形成弱雙星盤，此時應該要逢高出脫，避免套牢。

　　通常多頭起漲是發生在回檔整理結束，或是下跌波中跌
幅滿足之後出現的反轉。前者較爲常見，所以出現強勢開盤
又爲強雙星的二高盤，應該要尋找當時的主流類股介入積極
作多；而後者就比較不易判別，尤其是跌幅尚未滿足出現的
二高強勢盤，反而是拉高一日逃命的戲碼。空頭行情中利用
二高盤作逆轉盤的機會極少，所以只能暫時以止跌盤視之。

### 多頭力竭的二高盤

　　請看《圖2-20》，在2003/07/09的當天，已經是從最低點
起算的第9天，所以在時間與位置上均屬於「相對高檔」，這
裡的幾天其實與費氏係數無關，在台灣股市中交易日的週期
有一定特性，短天期以4的倍數觀察，常用的有4、8、12日

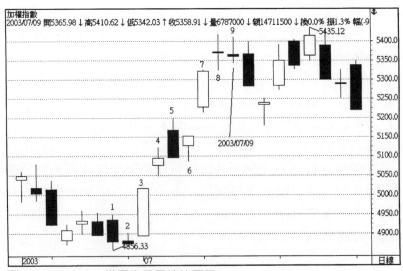

圖2-20　2003/07/09當日大盤日線位置圖

的時間，中期時間以18的倍數作觀察，常用的有18、36、72天，其中進入第30天之後就有機會出現變化，因此從低檔漲8天之後，屬於短線時間的相對高檔。

其中標示第8天已經是屬於空頭抵抗的情形，並且為十字變盤線，因此只要開出對多有利的盤態，並持續向上攻擊，那麼就會形成上漲的中繼站，萬一對多頭不利，就必須考慮是否空頭抵抗成功？

我們來看《圖2-21》，開盤後呈現二高盤，立刻將第二盤高點設定為短線壓力，整段漲幅1/2為支撐觀察，平盤是另外一道支撐。盤勢開的不夠高，在相對高檔短線回測時支撐就容易跌破，我們可以看見盤勢是先跌破上漲段的1/2，在跌

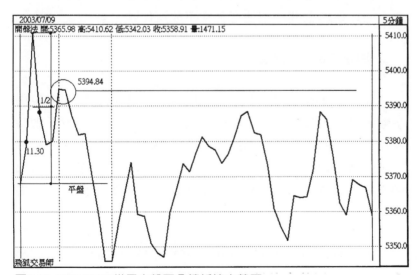

圖2-21　2003/07/09當日大盤五分鐘折線走勢圖

破平盤位置，因此雖然盤勢背景在多頭，然而只能定位成多頭力竭，當日是收小紅小黑格局了。

### 盤整末端的二高盤

請看《圖2-22》。當時日線背景處於下跌後的反彈走勢行情，整理的時間已經接近尾聲。只要盤中走勢出現多頭錯誤的訊號就要提高警覺。

請看《圖2-23》，當日開盤以氣勢開盤上漲82.35點表態，並形成二高盤，故取第二盤高點為壓，第一盤數據和上漲段的1/2處為支撐，結果是突破壓力且跌破第一道支撐，又因為開盤屬於開極高盤，上漲段的1/2要被測試(跌破)並非易事，因此在突破壓力和跌破支撐的情形下，只好在高檔震盪。而在整理末端，須注意軋空不成反作頭！

### 多頭起漲的二高盤

請看《2-24》，盤勢在創下4044.73的低點之後，出現掛多盤的走勢，這裡只要出現強勢軋空，就會有短線反彈(暫時視為針對4677)，在05/26之前，出現的K線型態是母子、子母突破，並且已經接近上檔水平頸線，在這樣的背景下，如果要突破頸線壓力，最佳模式是直接開高跳空站上頸線，如果開高跳空去撞頸線，力道就會差了許多。

從這樣的方向思考，以開出氣勢盤為佳，而這一個氣勢盤的重點在一舉跳過頸線，另外在開盤後只要走出對多方有

圖2-22　2003/04/18當日大盤日線位置圖

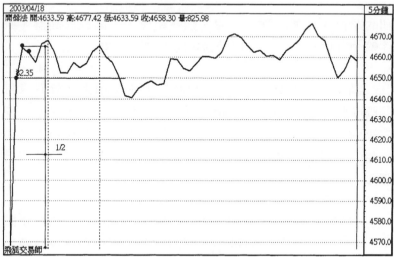

圖2-23　2003/04/18當日大盤五分鐘折線走勢圖

圖2-24　2003/05/26當日大盤日線位置圖

利的路徑，比如說強一高盤、強雙星盤、二高或三高盤，並在盤中守住支撐，就可以營造短線軋空的氣勢。

　　請看《圖2-25》。一開盤開高站上水平頸線，雖然沒有開高60點以上，但是站上頸線是一個表態的行為，隨後出現二高盤，立刻將所有短線支撐壓力取出觀察，短線壓力是第二盤的頓點，短線支撐有第三盤頓點、第一盤的價位點與上漲段的1/2位置。

　　我們可以從圖中發現，先突破壓力之後拉回，雖然跌破第一道支撐，但是沒有破第一盤價位點，意思是支撐有效，隨即出現向上拉抬的走勢，所以這一個二高盤，容易成為長

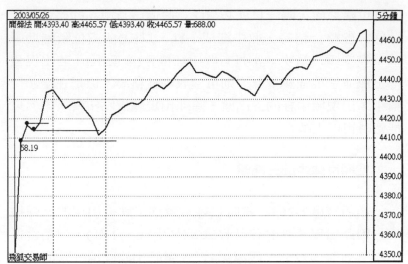

圖2-25　2003/05/26當日大盤五分鐘折線走勢圖

紅或是中紅的格局。

# 三點高盤

　　當開盤9:05這一盤與昨日收盤比較是上漲，第二盤與第一盤比較是上漲，第三盤與第二盤比較仍是上漲，就可以稱為三點高盤，最多只看到第三盤，所以沒有四點以上的盤態。同理，開三高盤重視有沒有出現氣勢開盤，他的研判與二高盤差異不大，請投資人參考二高盤的說明。

　　多頭行情中，當日容易以中紅、長紅來表態，唯接近月底，提防現貨拉高後三日內見高點，若正逢KD指標在空頭

防守位階之處，隔一日就必須注意股價將有極高的機會進行拉回。盤整行情時，收中紅或小紅，以KD所處位階輔助研判；在空頭行情中，當日有收小紅機會(或價漲)，若出現強勢上漲並呈現強雙星盤，則可望收中紅格局。但是在空頭行情中，出現收中紅的三高盤，除非出現關鍵點扭轉，不然只能暫時視爲止跌。

### 空頭反彈中的三高盤

請看《圖2-26》。當時日線背景爲下跌後出現的反彈格局，因此出現三高盤容易收漲(或是中紅、小紅)，但是當日出現三高盤卻是低點起算第4天，屬於小波段慣性時間的相

圖2-26　2003/03/14當日大盤日線位置圖

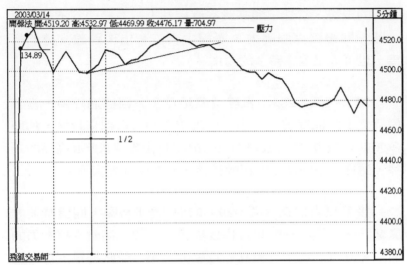

圖2-27 2003/03/14當日大盤五分鐘折線走勢圖

對高點，因此日線收黑價漲仍屬於合理的反應。

我們再來觀察盤中關鍵點的設立。請看《圖2-27》，一開盤為氣勢開盤大漲134.89點，因此1/2之處注定不容易被測試，形成三高盤後，第三盤高為壓力，第一盤數據為支撐，在壓力沒有過的情形下，跌破支撐，但是整段1/2距離尚遠，因此暫時以短線盤堅或是盤跌視之，未過壓力前暫不看好，而當跌破上升趨勢線就是要進行壓回了。

### 多頭起漲的三高盤

當股價在多頭時進行回檔整理，接近尾聲時，如果要表態，通常會以開高盤的走勢呈現出來，盤態也會做出對多方

有利的走勢，當然，開高跳空直接站上壓力最佳，不然也要一關一關慢慢克服壓力，過程中若沒有出現跌破支撐的行為，也可以呈現空轉多的力道。

請看《圖2-28》，日線位置是在多頭回檔過程中，當我們發覺下跌幅度越來越小，代表空方的力道越來越弱，那麼多頭就有機會了，很顯然在07/01當日出現突破黑K高點的走勢，這裡稱為空轉多的扭轉行為，為多頭強烈表態。

接著我們細查《圖2-29》的5分鐘走勢圖。開盤時並非氣勢開盤，連漲三盤也是幅度極小，依照三高盤支撐壓力的取法，立刻切出第三盤高點為壓力，第一盤數據為支撐，整段漲幅1/2也是支撐。

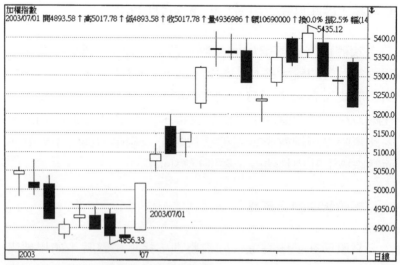

圖2-28　2003/07/01當日大盤日線位置圖

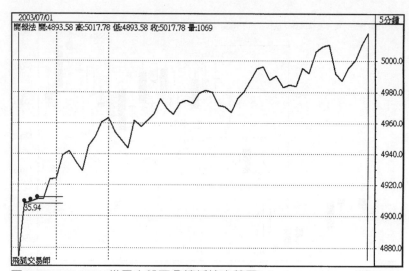

圖2-29　2003/07/01當日大盤五分鐘折線走勢圖

　　結果盤勢無視於壓力存在，直接拉升並且在每一盤的漲勢有擴大的跡象，同時也形成「強雙星盤」，因此懷疑是由空轉多盤，若是如此，必用中紅以上的格局來表態。

### 漲勢末端的三高盤

　　請看《圖2-30》。股價從最低點起漲在時間與價位上都屬相對高檔，尤其是07/08是在長紅突破高頓點的水平頸線之後，所以正常情形下是一個「空頭抵抗」格局，又長紅之後容易呈現高低點震盪的「區間震盪盤」，因此盤勢採不追高為原則，短線則以當日箱型區間高出低進。

　　接著請看《圖2-31》。當開出三高盤之後，一樣取出壓

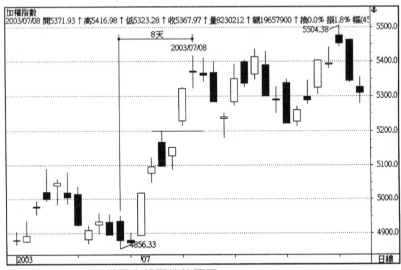

圖2-30　2003/07/08當日大盤日線位置圖

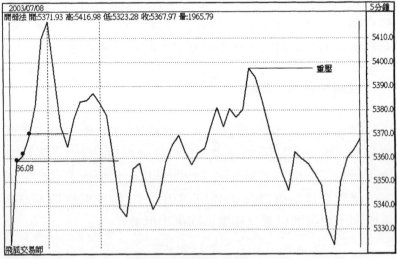

圖2-31　2003/07/08當日大盤五分鐘折線走勢圖

力與支撐關鍵，從圖中走勢發現所有支撐全被跌破，因此就可以將箱型定位在平盤至最高點之間，臨近高點短線賣出，臨進低點短線買進。就操作策略而言，在日線高檔，應該要考慮賣不考慮買，所以接近低點時可以調整為短線空單先回補。

　　圖中再度下跌的轉折高點，為明日重壓，除了跳空站上之外，很難一口氣克服，通常是上漲穿越這裡之後會出現拉回，因此這一個價位就是明日參考重點之一。

# 雙星盤與法人盤

　　所謂法人盤有兩種：一是連續上漲6個單位時間，也就是連漲30分鐘以上，5分鐘的折線圖趨勢都是向上，沒有形成轉折；另外一種是七盤九盤高，也就是折線的趨勢一路走高。出現這樣的盤態視為法人介入控盤、急拉，在多空轉折關鍵點上具有相當大的參考性。

　　而雙星盤是指兩個峰頂的比較，當出現一高盤時，取一高盤後的兩個負反轉高點為A、B峰比較，如果是二高盤或是三高盤，則取二高盤或三高盤的負反轉高點為A峰，下一個負反轉高點為B峰，然後再以A、B兩峰比較強弱程度。

　　傳統上判別強、弱雙星時，在10:10前以盤差決定，如果B峰較A峰還要低，那麼就是弱雙星；如果B峰大於A峰，但是盤差不足7點以上，則視為弱雙星，而大於7點以上才能視

爲強雙星。問題是在實戰上這樣的研判雖然有其參考性，但是仍需一些相關的輔助。在星的研判上，宜以趨勢中的「峰耀星」、「峰輝星」、「峰暗星」與「峰淡星」研判爲佳，但是這一部分牽涉到主力操盤的隱晦性，暫時在本書中保留。

當出現雙星盤時，先判斷出強、弱雙星之後，緊接著就是捉出盤態的支撐觀察點，強雙星的支撐點以B峰上漲段的起漲點爲最強支撐，另一個支撐是該上漲段的1/2附近；如果是弱雙星，只取B峰起漲低點爲支撐。跌破支撐就破壞雙星格局，不必看好。尤其是跌破B峰起漲點，沒有做出特殊行爲扭轉頹勢以前，均以弱勢盤視之，搭配當時時空背景與一高、二高或三高盤的研判，就可以大致知道當日是收什麼樣的線型。

接下來的例子，盡量取之前一高、二高或三高舉過的範例，以方便投資人做比對與研判的練習。

請看《圖2-32》，標示F的這一段，連續上漲6盤，所以是「法人盤」，又因爲是一個三高盤，所以在三高第一個負轉折就是A峰，第二個負反轉就是B峰，因爲B峰大於A峰7點以上，所以這是一個三高盤＋法人盤＋強雙星的強勢盤態。

既然是強雙星，其支撐就有兩道，即圖中標示P、Q之處，未跌破前不會破壞強雙星格局，故容易出現中長紅作收。

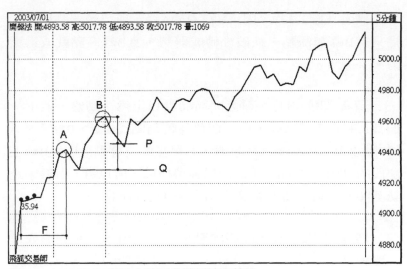

圖2-32　2003/07/01當日大盤五分鐘折線走勢圖

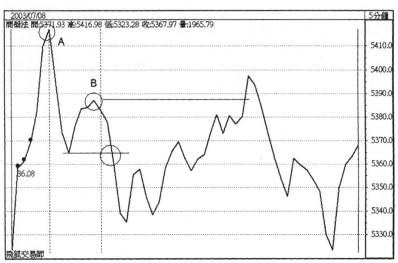

圖2-33　2003/07/08當日大盤五分鐘折線走勢圖

　　請看《圖2-33》，因為B峰小於A峰，所以是弱雙星，支
撐只有B峰起漲點，跌破後轉成弱勢，且B峰高點就成為壓
力。

　　請看《圖2-34》，盤態開高60點以上為一高盤，取下一
個負反轉高點為A峰，另一個負反轉高點為B峰，B峰大於A
峰7點以上，所以是強雙星盤，強雙星的支撐點分別是B峰上
漲段的1/2和起漲點，未破前為強勢格局，所以這一個盤態是
氣勢開盤＋強一高＋強雙星，故為中長紅作收。

　　請看《圖2-35》，開高60點後的一高盤，先走弱形成第
一盤和第三盤為壓力，壓回L0時未破上漲段的1/2，故上漲力
道尚存，從L0反彈再出現負反轉高點，此時就可以訂出A峰

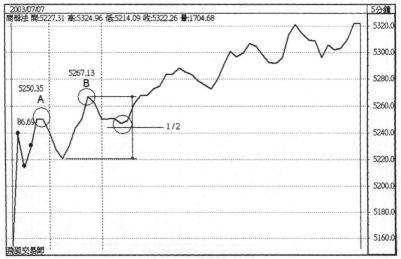

圖2-34　2003/02/19當日大盤五分鐘折線走勢圖

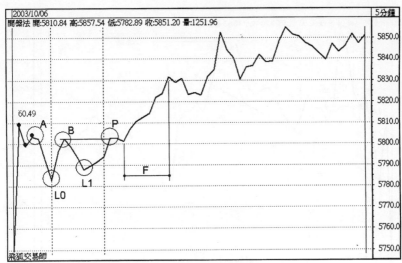

圖2-35　2003/10/06當日大盤五分鐘折線走勢圖

和B峰，因為B峰小於A峰，所以為弱雙星盤。

　　弱雙星的支撐只有一個，就是B峰的起漲點，壓回時沒有跌破反而突破B峰壓力(標示P之處)，此時又拉出連續上漲6盤的法人盤，暗示法人介入，故此盤在支撐沒有破但是過壓力的情形下，形成中長紅格局作收。

　　請看《圖2-36》，開出一高盤之後，以下一個負反轉高點為A峰，第二負反轉高點為B峰，因為B峰大於A峰7點以上，故為強雙星格局，強雙星格局的最後支撐點在B峰起漲點如圖中標示L處，結果在標示P的位置跌破，也就是說這是一個失敗的雙星盤，當B峰高點未過前不看好當日盤勢。

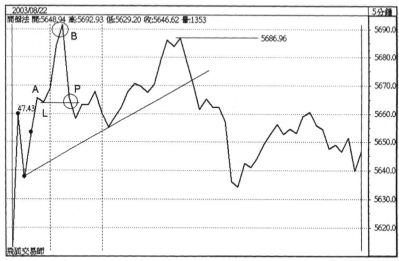

圖2-36　2003/08/22當日大盤五分鐘折線走勢圖

　　後來雖有出現反彈，卻沒有突破B峰高點，此時呈現的
負反轉高點5686.96懷疑是另外一段的起跌點，確認時只要拉
一條上升趨勢線，跌破時就可以確認。

　　《圖2-37》和《圖2-36》的研判相同，而這種類似的模式
稱為「型態複製」。

　　《圖2-38》為七盤九盤高的上漲模式，是屬於法人介入
操盤的盤態之一，此盤出現通常是中長紅居多。

## 一點低盤

　　當開盤9:05這一盤與昨日收盤比較是下跌，而第二盤與

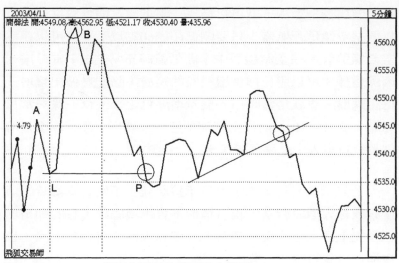

圖2-37　2003/04/11當日大盤五分鐘折線走勢圖

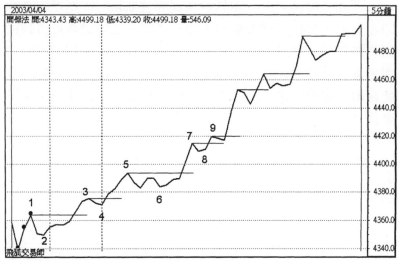

圖2-38　2003/04/04當日大盤五分鐘折線走勢圖

第一盤比較是上漲，就可以稱爲一點低盤。開低盤當然也可以觀察空頭是否氣盛！只要開低超過60點以下，就可以視爲空方氣勢盤。在空頭趨勢中，開低盤時正常情況不宜量增，因爲這樣才可以避免掉量增殺盤的疑慮，除非是做出量增一低止跌盤，也就是當時第一盤量增開低之後，低一盤爲當日低點，或者是10:10前作出底部型態形成轉折上漲，那麼量增就是有特定人士進場承接了。

若是懷疑是特定人士進場承接訊號，不妨切到當時的績優股或是大型股觀察，正常情形下會出現底部，有的則是已經領先上漲。這些現象都符合，就算大盤沒有立刻上漲，也會進行盤整的整理走勢。

而在多頭趨勢中，開低盤代表觀望氣氛，或是短線獲利回吐賣壓，假設指標股繼續走強，那麼一低盤就會被扭轉成對多頭有利，當出現對多有利的走勢，我們可以假設這裡是震盪洗盤、誘空的行爲，而在扭轉趨勢的當時，5分鐘的量能會出現相對巨量，因此作多者可以伺機切入起漲股，作空者宜先回補。

開低盤就不看雙星盤，以K線法則與開盤三盤的高低頓點作爲支撐與突破的觀察。

就多空趨勢中，正常情形的分類，多頭走勢中常爲回檔整理。量縮就不會跌太深，尾盤可以注意主流股的變化並留意短線買點；量大則有機會轉成承接盤。空頭走勢中屬於盤

跌行情，當出現量大的盤態，當心轉成重挫盤，所以盤態未
轉好以前只有逢高放空或是逢高出脫多單的考慮。

### 多頭中的一低震盪盤

從《圖2-39》來看，5/27的前一日正是多頭氣勢如虹的
短線攻擊，在攻擊之後容易會出現「空頭抵抗」的走勢，一
般稱爲「區間震盪盤」，所以5/27當日收一個實體較小的紅K
或是黑K時爲正常、合理的走勢。

再從《圖2-40》觀察當日的5分鐘走勢圖。當日開小低
盤之後，立刻拉高過平盤，因此當時就產生支撐壓力，一個
是9:05低開的支撐，一個是9:10轉折的壓力。結果瞬間支撐

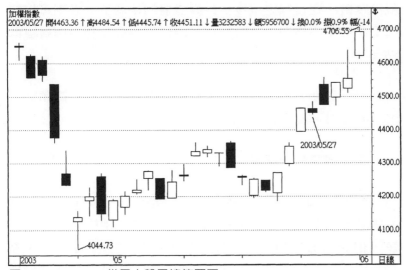

圖2-39　2003/05/27當日大盤日線位置圖

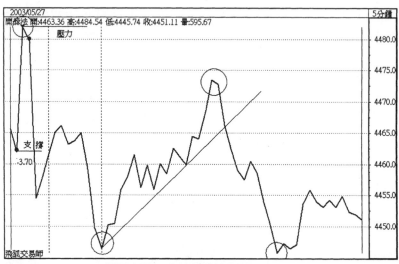

圖2-40  2003/05/27當日大盤五分鐘折線走勢圖

就被跌破，在日線定位今日為震盪盤的格局下，立刻可以知道是小紅小黑格局，且盤勢會有兩個對應高點和兩個對應低點。

而假設明日多頭要續強，那麼今日第二盤轉折高頓點所形成的壓力，就是必須突破的觀察重點。

### 空頭續跌的一低盤

請看《圖2-41》，日線的背景是趨勢走空當中，前幾日的組合有「晨星」、「母子」的型態，晨星型態原本有利走多，但緊接著出現母子型態，代表多空不明，走勢進入停滯，因此在趨勢背景與型態組合的搭配下，開高盤突破母高

圖2-41　2003/03/05當日大盤日線位置圖

就是進行反彈行情，開低盤跌破母低就是進行續空的走勢。

　　接著觀察《圖2-42》。開盤低開就跌破日線的母低，先注定了空頭走勢延續。接著第二筆拉高，第三筆再跌(定為壓力)，支撐就在第一盤，當支撐被跌破就可以確定當日為中黑以上格局。

### 整理結束的一低止跌盤

　　請看《圖2-43》，當時日線背景處於空頭趨勢中盤整盤的回檔，因為已經接近前波低點與支撐的附近，所以有機會在測試支撐之後出現止跌盤，又4/1的前一日是一筆長黑，正常情形下，長黑之後多頭會嚐試抵抗，請投資人注意的是多

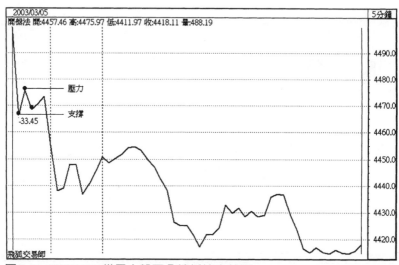

圖2-42　2003/03/05當日大盤五分鐘折線走勢圖

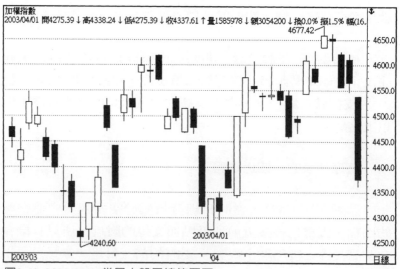

圖2-43　2003/04/01當日大盤日線位置圖

頭抵抗不一定成功，必須以盤中走勢來定奪。

接下來請看《圖2-44》，股價開出一低盤之後，盤勢隨即拉高，形成一低盤，並立即可以取出支撐和壓力觀察點，9:10之後的壓回並沒有將支撐跌破，反而再度拉抬將壓力突破，因此在當時只要觀察是否出現對多頭不利的訊號？如果沒有，就有機會形成一低止跌盤。

我們可以發覺，當過壓力之後的低頓點(即正反轉點)都呈現一路墊高的情形，正是止跌盤的標準模式。

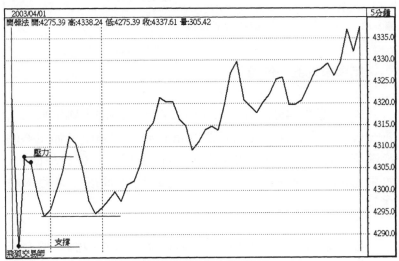

圖2-44　2003/04/01當日大盤五分鐘折線走勢圖

圖2-45 2003/04/22當日大盤日線位置圖

## 反彈末端的一低盤

請看《圖2-45》，在4/22的前二日，呈現向上跳空缺口，前一日是下十字線，也就是說在當時屬於空頭中反彈走勢的背景下，在十字線後出現高開就有機會形成「下肩缺口」，如果低開就會形成「夜星」，在當時的背景以後者機率較高。

接下來請看《圖2-46》，開盤低開，日線型態有機會形成夜星，第一盤下跌後第二盤拉升，所以是一低盤，此時先觀察第一段跌幅的1/2位置能否被突破。沒有突破加上第三盤回折，因此就出現了短線上的壓力和支撐觀察點，突破壓力才有機會繼續向上挑戰，跌破支撐就懷疑是否形成殺盤而導

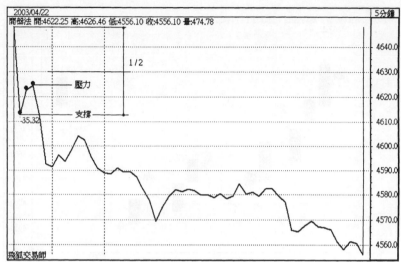

圖2-46　2003/04/22當日大盤五分鐘折線走勢圖

致日線形成中黑以上的格局。

從後續的走勢我們看見負反轉高點越來越低，是一個持續下跌的弱勢盤，逢反彈就是出脫手中多單，或是逢高作空避險。

### 空頭止跌的一低盤

請看《圖2-47》，大盤處於空頭回跌過程中，股價下跌的力道與角度已經漸漸趨緩，因此有利於股價止跌，如果在最低價4413.14的隔日出現低開，就會對多方不利，如果高開，多頭就有一線生機。

圖2-47　2003/01/02當日大盤日線位置圖

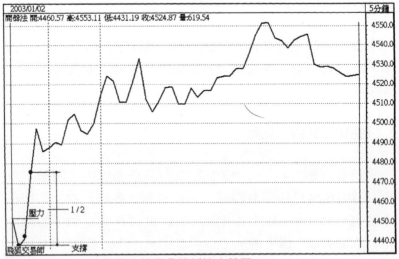

圖2-48　2003/01/02當日大盤五分鐘折線走勢圖

接著請看《圖2-48》，這裡的5分鐘圖必須略作說明，當日開盤是高開，但是瞬間就立刻下跌，形成9:05當筆K棒收黑且價跌，因此在開盤法當中仍屬於一低盤。

9:10之後立即拉抬，衝過平盤且拉抬幅度驚人，因為平盤是壓力，被衝過去壓力就消失，此時只剩下兩道支撐，一道是9:05的正反轉低點，一道是9:10至9:15漲幅的1/2處。我們可以很清楚的看見，拉回後並沒有跌破1/2的支撐，所以屬於強勢行情，當再創高時，短線就屬於多頭有利了。

所以這一個盤勢在當下就可以懷疑是否為一低承接盤？再觀察當時類股上漲情形，若是整個族群同步上漲，那麼就有機會作出較強勢的反彈。從日線上觀察，在今日走勢過程中，發覺盤中已經衝過前兩天的高點，衝過去之後略壓回就持續上漲，雖然尾盤有壓回，但是已經是中紅以上格局，這幾天實體都留有缺口，故為「晨星」型態的組合。

## 兩點低盤

當開盤9:05這一盤與昨日收盤比較是下跌，第二盤與第一盤比較也是下跌，第三盤與第二盤比較卻是上漲時，就可以稱為二點低盤。在漲升末期或是盤整末端，很容易出現這樣的盤態，當日中黑的機率頗高，多頭中在尾盤仍會有突發性變化，如果急拉出下影線，就有機會在多頭回檔過程中形成低點轉折。

在空頭初期的行情中，當日是收中黑或是長黑的格局，因此在未過壓力點時，逢高應該是出脫多單的時機。但是在下跌末期，就有機會在隔日出現嘗試止跌的紅棒，一般而言，隔日還會有低點，空頭時無論在何位置，縱使有下影線也不長。

在空頭末期的二低盤，建議觀察指標股與大型股的變化，如果主流股與大型股已經出現盤底現象，當日或是隔日的止跌應該伺機回補空單，至於作多仍需等待短線攻擊訊號。另外二低盤有兩段殺盤或是三段殺盤的慣性，如果只殺一段就跌不下去，就要注意逆向思考了。

### 空頭表態的二低盤

請看《圖2-49》，在2/10前一日，已經屬於下跌五日的空頭行情，前一日出現長下影線雖然可以視為支撐，若開出低盤就視為測試該下影線支撐，當下影線被跌破就是空頭續跌，因此開低不利。

接著請看《圖2-50》，一低開就對多頭不利，且低開超過60點，所以是空頭氣勢開盤，接著形成二低盤，正反轉後出現支撐，當第一段反彈穿越跌幅1/2，就有利於持續反彈，後續能否形成對多有利的關鍵在於是否可以穿越平盤。

從《圖2-50》中觀察，沒有穿越平盤卻跌破低頓點的上升趨勢線，接著再跌破標示A的支撐，這裡就是第二段下跌，因為二低盤有兩段跌或三段跌的慣性，必須注意在第二

圖2-49　2003/02/10當日大盤日線位置圖

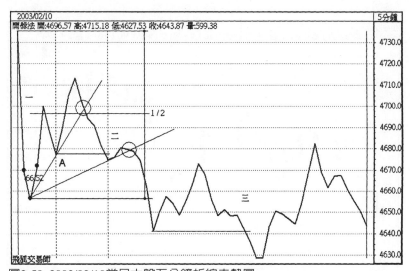

圖2-50　2003/02/10當日大盤五分鐘折線走勢圖

段跌完後的反彈情形與時間，如果時間不對或是反彈無力，就會有第三段的跌勢。

三段跌完之後就不宜追空，因為會有拉出下影線的效應，這裡不管下影線多長，總是一個追空風險區，因此在盤勢出現三段殺且創下三個低點之後，短空單就該縮手了。

### 多頭回檔中的二低盤

請看《圖2-51》，當時日線處於多頭行情中的高檔震盪，股價在創高之後呈現回檔三波，暗示是浪潮整理的末端，除非浪潮擴大追殺，或是反彈無力之後再形成更大浪潮下跌，不然就極短線而言，多頭有機會作出多頭抵抗的盤

圖2-51　2003/08/11當日大盤日線位置圖

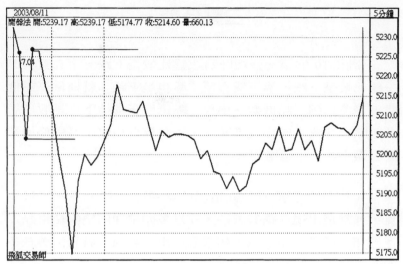

圖2-52　2003/08/11當日大盤五分鐘折線走勢圖

勢。

接著請看《圖2-52》，在8/11當日5分鐘走勢圖是開出二低盤，但是跌幅不大，這樣當然會形成殺盤力道不夠深。因此三盤結束後取出壓力支撐為觀察，在不過壓力下跌破支撐，形成第二段殺盤，二低盤有殺兩段或是殺三段的慣性，如何研判就在於對應的反彈波段是強還是弱？如果為弱勢反彈就有機會再度殺盤。

圖中反彈頗為強勁，再度回跌之後也沒有破低點，形成帶有下影線的日K線型態，在多頭回檔過程中且沒有跌破日線重要關鍵點之前，這樣的走勢必須懷疑是否盤勢有機會在此止穩？所以觀察一些個股的表現是重要的功課了。

# 三點低盤

　　當開盤9:05這一盤與昨日收盤比較是下跌，第二盤與第一盤比較是下跌，第三盤與第二盤也是下跌，就稱為三點低盤，最多只到三點低盤。出現三點低盤正常情下均是收黑居多，除非在盤中曾經突破開盤，則有機會從收中長黑格局轉成震盪小紅、小黑格局。

　　至於三低盤轉成中紅格局的機會雖然有，不過比較少見，通常是出現在跌勢末端，或是多頭整理回檔的結束點，這裡和二低盤有點類似，如果急拉出下影線，就有機會在多頭回檔過程中形成低點轉折。

　　在空頭下跌末期，就有機會在隔日出現嘗試止跌的紅棒，一般而言，隔日仍會有低點，甚至有時直接完成底部作出紅棒，此時為積極作多的盤態，此種盤態甚為少見。總而言之，三低盤有三日內見低點反彈的特性。

　　在空頭末期的三低盤，建議觀察指標股與大型股的變化，如果主流股與大型股已經出現盤底現象，當日或是隔日的止跌應該伺機回補空單，至於作多仍需等待短線攻擊訊號。另外三低盤有兩段殺盤或是三段殺盤的慣性，如果只殺一段就跌不下去，就要注意逆向思考了。

### 空頭續跌的三低盤

請看《圖2-53》，日線背景盤勢處於空方趨勢的下跌過程中，這裡不是想辦法止跌盤底，就會繼續下跌製造空間，因為在2/25前四天的組合已經有「下跌三法」的味道，所以低開將容易導致型態完成，使盤勢持續下跌。

接著請看《圖2-54》，一開盤就是低開，且低開57點也算是空方氣盛，跌完三盤之後取出第三盤和三盤下跌這一段的1/2為壓力，都沒有觸及，標示A出現的反彈仍然失敗且相當弱勢，所以暗示後續將持續重挫，因此今日為中黑以上格局。

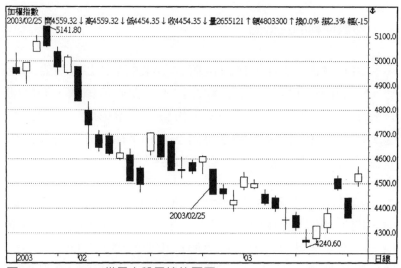

圖2-53　2003/02/25當日大盤日線位置圖

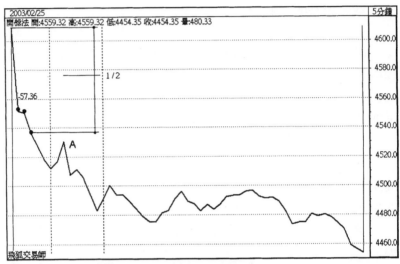

圖2-54　2003/02/25當日大盤五分鐘折線走勢圖

### 空頭逆轉的三低盤

　　請看《圖2-55》，日線位置在SARS利空之後的盤底走
勢，5/22前兩筆是「母子」變盤線，只要破低續跌，過高則
有機會形成反彈，結果5/22當筆再與前一筆形成「子母」型
態，這裡到底是對多有利還是對空有利？從棒線顏色收白和
收盤價收高研判，是對多方有利的走勢。

　　接著請看《圖2-56》，5/22當日盤中走勢開盤後呈現三低
盤，開低的幅度與跌幅都不大，形成有利於突破壓力的架
構，三低之後就急拉25分鐘克服最重要的壓力，即平盤的位
置，隨後於標示2的地方出現拉回，這裡的拉回幅度很小，
暗示後續很容易再創新高。

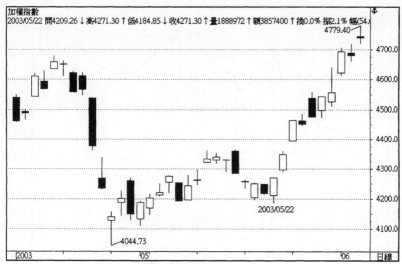

加權指數
2003/05/22 開4209.26↓高4271.30↑低4184.85↓收4271.30↑量1888972↑額3857400↑換0.0%振2.1%幅(54.↓

4779.40↑

4700.0

4600.0

4500.0

4400.0

4300.0

4200.0

2003/05/22

4100.0

4044.73

2003　　　'05'　　　'06　日線

圖2-55　2003/05/22當日大盤日線位置圖

　　結果在標示2之後的走勢再度出現拉抬走勢，連拉超過
30分鐘(標示1的範圍)，形成「法人盤」，也就是大單進場拉
抬，使股價走出三低逆轉盤勢，這是相當少見的逆轉盤。

　　法人盤是否逆轉成功，重點在於後續的行為，故不宜只
看見法人盤就認定趨勢走多。關鍵在於每一個波段上揚的走
勢是否持續多頭浪潮的攻擊？圖中很明顯的看見對應的高點
走勢是H3＞H2＞H1，對應低點的走勢是L2＞L1，答案當然
昭然若揭。

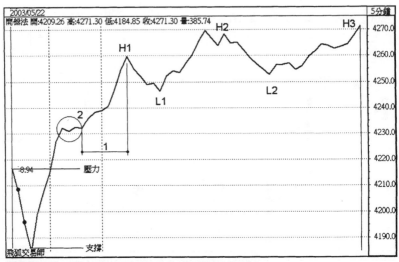

圖2-56　2003/05/22當日大盤五分鐘折線走勢圖

# 第 3 章

# K線型態的黃金比率關卡

有關K線型態的關卡設定，方法有許多種，例如：生命K線的邏輯、酒田戰法的型態等，這一章主要是以黃金比率作為觀察重點之一。利用黃金比率的好處可以很方便掌握小波段與大波段的邏輯運用，適合初探技術分析的投資人參考，另外在閱讀本章時應該將重心放在整個邏輯的思考，而不是針對一個單純的價位思考。

## 黃金比率的觀念

在談到黃金比率(又有人稱黃金分割率)時，必須要先認識費伯納西(Leonardo Fibonacci，約1170~1250)，他出生於義大利比薩，曾寫了三本數學鉅作：*Book of Calculation* (算學)、*Practica Geometriae* (幾何習作)及*Liber Quadratorum* ( 二次數學)。曾旅行到西西里、埃及和敘利亞，實際接觸到阿拉伯的數學。費伯納西發現了十進位數字系統的好處，在數字紀錄及計算上比當時通行，但十分笨拙的羅馬數字系統優越得太多，因此在1202年，發表了著名的《算學》，將阿拉伯

數字系統引進歐洲，不久便取代了羅馬數系。

## Fibonacci數列

在《算學》書中有一個「兔子問題」，引起後人極大興趣 。他假設一開始有一隻公兔與一隻母兔剛出生，每隻兔子經過一個月後就有繁殖能力，而兔子懷孕期是一個月，一旦母兔擁有繁殖能力時，牠每個月都會生產，且生出來的兔子是一公一母，最後一個條件是：兔子不會死掉。在這種理想狀況下，經過五十個月後，總共有幾對兔子？這導致「費伯納西數列」產生，而這一個數列與後來的「優選法」有密切關係。

我們嘗試將兔子繁殖的問題製作成一個表格討論。如下表所列：

| 時間（月） | 初生兔子（對） | 成熟兔子（對） | 兔子總數（對） |
|---|---|---|---|
| 1 | 1 | 0 | 1 |
| 2 | 0 | 1 | 1 |
| 3 | 1 | 1 | 2 |
| 4 | 1 | 2 | 3 |
| 5 | 2 | 3 | 5 |
| 6 | 3 | 5 | 8 |
| 7 | 5 | 8 | 13 |
| 8 | 8 | 13 | 21 |
| 9 | 13 | 21 | 34 |
| 10 | 21 | 34 | 55 |
| 11 | 34 | 55 | 89 |
| 12 | 55 | 89 | 144 |
| 13 | 89 | 144 | 233 |
| 14 | 144 | 233 | 377 |

　　上述數列可以無限繼續寫下去，通常我們取兔子的總數這一欄來觀察，因為這是結論值，可以得到1、2、3、5、8、13、21、34、55、89、144、233、377、610、987、1597、‧‧‧‧‧‧‧‧直到無限大的數列，此數列便稱為費伯納西數列。

　　根據觀察，費伯納西數列具有下列特性：

$$X_{n-1} \quad X_n \quad X_{n+1}$$

$$X_{n-1} + X_n = X_{n+1}$$

一、連續兩個級數的和等於第3個級數。

$$X_{n+1} / X_{n-1} = (X_{n-1} + X_{n-1} + X_{n-2}) / X_{n-1}$$

$$= 2 \cdots X_{n-2}$$

例如：3+5=8，5+8=13，89+144=233等。

二、取任何一位當被除數，此數的前2位當除數，所得商永遠是2，其餘數剛好是除數的前一位級數。

例如：5除以2，得商等於2，餘數等於1。

　　　21除以8，得商等於2，餘數等於5。

　　　55除以21，得商等於2，餘數等於13。

　　　144除以55，得商等於2，餘數等於34。

三、任何相鄰的兩個級數，大的除以小的其數字大約等於1.618。

例如：987/610=1.6180327

144/89=1.617955

四、任何級數除以下一位級數，其商數大約是0.618。

例如：34/55=0.6181818

21/34=0.6176470

五、任何數目與次2位相除，其商大約是2.618。

例如：144/55=2.61818

233/89=2.61797

六、1.618的平方數約等於2.618，1.618的倒數約等於
0.618。

如果用數學式表達，設F1 =1，F2 =1，Fn = Fn-2 + Fn-1，n≧3，則得到：

$$\lim_{n \to \infty} \frac{F_{n-1}}{F_n} = \frac{\sqrt{5}-1}{2}$$

當 n 無限大時，數列的極限是：

$$\frac{\sqrt{5}-1}{2}$$

$(x^2+2x+1)-x-2=0$

$(x+1)^2=x+2$

這個數值稱爲黃金比率(the Golden Ratio)，它正好是方程式 $x^2+x-1=0$ 的一個根，其比值約等於1.618(另一個根是0.618)，這一個比率使視覺感到舒適，也是音樂、藝術、建築及生物學中的重要現象。

在實戰運用的過程中，除了會使用到1.618和0.618的數字之外，取間隔數字的比率約爲2.618，或2.618的反比0.382，在下一個單元，就要介紹將0.618和0.382這兩個比率運用在K線型態的確認行爲上，可以讓投資人領先一日知道型態的完成。

## 型態突破與跌破的關鍵

型態的完成與否是造成研究技術分析者最大的困擾之一，往往有「千金難買早知道」之嘆，如果可以在股價行進間的過程中知道股價型態已經產生多空轉換，是不是就可以先採取必要措施，進行買賣的動作？在筆者研究技術分析以來，的確已經能掌握這樣的關鍵技巧，而在本章中，將以最簡單的例子示範這樣的「入門技巧」。

我們回想在《主控戰略K線》書中，曾經提到的一些觀念及可能轉折的型態，在書中曾提到過一段這樣的敘述：

當思考K線的涵義時，宜先從比較、時間、位置、路徑的角度進行思考。所謂的「比較」是指：與前一日K線的開、高、收、低與關鍵價位之比較。

　　很明顯的，K線的基本關鍵價位是在開、高、低、收這四個價位上，就開盤價而言，可以說這是每一日開始決定氣勢的起點，如果開高盤(與昨日收盤價比較)，視為多頭氣勢，其中當然還牽涉到幅度的問題，開高一檔價位和開高五檔價位在氣勢上自然有所差異，正常的情形下，開高盤是對多頭有利，如果開高盤會轉成對空頭有利，必然是在盤中行走的「路徑」出現問題。

　　就最高價和最低價而言，最高價是在盤中行走的路徑過程中，多頭搶灘達成的最高目標，最低價就是空頭攻擊所達成的最低目標，這兩個價位常常對後市的研判佔有相當參考性的決定因素，一般而言，最高點對多頭是一個壓力值，最低點對多頭而言是一個支撐值；相反的，最高點對空頭是一個支撐值，最低點對空頭而言是一個壓力值。

　　而收盤價往往是一日的最後關鍵，多空拼鬥的結局，其結果足以扭轉開盤價、最高價、最低價原始的多空意義。

　　舉例來說，在「收紅棒」這一個圖形中，假設開高盤，盤中如何震盪略過不談，股價必然會產生高點和低點，假設收盤時收最高點，那麼最高點對多頭而言，就不一定是壓力值了，反而有可能造成隔日容易持續開高盤，是一個多頭強勢的表徵。當然這是正常情形，如果考慮到相對位置在高檔滿足，仍然需要注意是否為多頭力竭？換言之，就是收最高的紅棒，隔天如果不持續開高盤，就代表昨天買在收最高價的那些交易者全部套牢，那麼這一個高價仍然視為壓力。

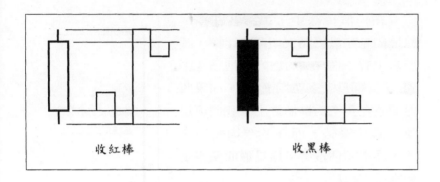

收紅棒　　　　　　　　　收黑棒

　　因此一日紅棒雖然是多頭勝利，但是隔日的開盤又決定當天多空氣勢，收盤時再一次決定多空優劣，後續交易日就如此綿延反覆不斷。所以實戰上相當注重收盤的位置與隔日開盤的氣勢。這就是比較的重點。

　　如果在「收黑棒」的這一個圖形當中，收盤價已經比開盤價低，所以對多頭而言就有兩個壓力，一個支撐。壓力就是最高價和開盤價，支撐就是最低價。收盤的位置因為離最高價很遠，所以這裡的壓力是比較不容易克服，如果克服掉了，這一根黑棒就不是壓力了。

　　因為黑棒收盤價離最低點比較近，因此能夠防守的空間有限，自然支撐容易被跌破，造成股價持續下跌，所以一般人才說黑K對多頭不利。

　　至於是不利到什麼程度，亦或是真的不利？倒沒有一本技術分析的書籍能夠針對這部分給予剖析，這裡嘗試利用黃金比率給各位讀者另類思考。我們先看這一張圖。

在一個棒線中，不論其紅黑，取最高點和最低點來切黃金比率，圖形當中有一個50%的地方，稱爲「中值」，又稱爲「多空均衡點」，如果收盤價收在多空均衡值之上，我們可以說多頭佔優勢，而在多空均衡值之下，爲空頭佔優勢，這是最簡便也是最常用的技巧之一。

```
┌─────────────────────┐
│ H    黃金分割         │
│ ┃                    │
│ ┃                    │
│ ┃    61.8%           │
│ ┃    50.0%  多空均衡   │
│ ┃    38.2%           │
│ ┃                    │
│ ┃                    │
│ L                    │
└─────────────────────┘
```

　　那麼多頭到底佔優勢到什麼程度呢？圖中有一個61.8%的標記，也就是高低幅度的0.618位置，如果收盤價可以收在這一個位置之上，就可以說：多頭不但佔優勢，而且此棒線爲強勢棒線，也就是說這一根棒線要代表多頭強勢，起碼的條件就是收盤要收在這一根棒線的0.618倍幅位置以上。

　　計算的公式如下：

**多頭強勢值＝（H－L）× 0.618＋L**

　　而如果多頭佔劣勢呢？請看圖中有一個38.2%的標記，也就是高低幅度的0.382位置，如果收盤價可以收在這一個位置之下，就可以說：多頭不但佔劣勢，而且此棒線爲弱勢棒線，也就是說這一根棒線要代表多頭弱勢，起碼的條件就是收盤要收在這一根棒線的0.382倍幅位置以下。

計算的公式如下：

**多頭弱勢值＝（H － L）× 0.382 ＋ L**

以上是針對多頭的角度探討，如果是針對空頭而言，那麼強弱是就要顛倒過來看，也就是說空頭的強勢棒線，收盤要收在棒線高低幅度的0.382倍幅位置以下。空頭的弱勢棒線，收盤要收在棒線高低幅度的0.618倍幅位置以上。因此公式的計算式不變，只是代表的定義不同：

**空頭弱勢值＝（H － L）× 0.618 ＋ L ＝多頭強勢值**

**空頭強勢值＝（H － L）× 0.382 ＋ L ＝多頭弱勢值**

這樣的分類，很容易就可以在當日棒線的收盤，知道正常情況下多空力道的呈現。而計算的目的在幫助我們研判高低轉折型態的多空力道消長，如果只用50%的多空均衡值，常有不明確之嘆，若能加上這一些參考數據，自然可以使研判點更加明確，如此一來，就已經掌握基本的關鍵點了。

只有計算公式的呈現當然是不足，必須有一些例子來說明，以方便讀者進入這一個領域當中，另外考慮到本書內容編排，所以只能針對正常的情形加以闡述，而關於逆向思考的方面著墨不多。請看下一個單元。

# 高檔轉折型態

　　關於K線組合型態的詳細論述，請參考《主控戰略K線》，將這裡的觀念與之結合，會得到對K線型態組合所代表的涵義有更深刻的認識。

　　所謂的高檔轉折型態，意思就是說股價在多頭時持續上漲到相對高檔之後，有機會出現使趨勢產生負反轉的型態，稱為「高檔轉折型態」。這裡僅就型態是否已經完成做研究，暫時不考慮成交量、分線變化與主力洗盤模式的探討。

## 鑷　頂

　　關於「鑷頂」的型態，基本上只要兩根棒線高點一致就可以這樣稱呼，這裡只探討對空頭有利的型態。

　　請看《圖3-1》。這是一個對空頭已經有利的線型，不管左側K線是黑是白，右側K線只要收黑，對空頭就相對有利，其中一個重要關鍵在於右側棒線的低點L1比左側棒線低點L0還要低，因為創低，所以空頭已經算是攻破多頭的防線，尤其是L0這是一根「槌子」的棒線。這些研判架構在比較的基礎之上，試想：高點相等(視為多空平手)，低點創低(視為空頭戰勝)，收盤價跌(視為空頭戰勝)，空頭三戰兩勝，當然是空頭贏。

　　此外，還有一個研判重點在L1的當日K線，當日K線是一根黑棒，收盤收在「空頭強勢值」以下，所以這根棒線視

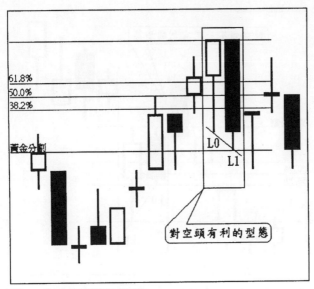

圖3-1　對空頭有利的型態

爲空頭優勢，加上型態組合的綜合研判，可以斷定這是對空有利的線型。

　　請看《圖3-2》。上漲過程中，出現了先黑再白的「鑷頂」組合，雖然L1較L0還要低，但是最後收盤收高在整根棒線的強勢值0.618倍幅之上，所以這一個鑷頂組合不見得對空頭有利，因爲今日收盤的收高，相對的使收盤離多頭防守點L1較遠，離最高價較近，因此容易對高點作出突破，而與低點比較，由於相對空間夠大，所以也容易防守。當股價對高點作出突破之後(以跳空爲最強)，就可以判定趨勢持續上漲。

　　在《圖3-3》當中，可以看見一個上漲的趨勢當中出現

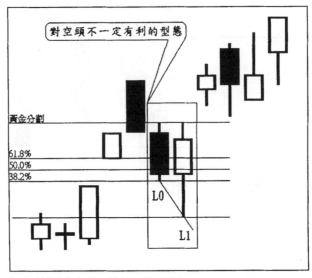

圖3-2　對空頭不一定有利的型態

「鑷頂」的K線組合，其中左側為白線、右側為黑線，通常我們會說L1大於L0，屬於K線低點墊高，所以短線趨勢仍沒有轉壞，但是細查右側這一根收黑的棒線發現，收盤的位置收低了，也就是收在當白棒線高低幅度的0.5倍幅以下，為偏弱的格局，既然是弱勢收盤，就得提防價位的下挫。

　　這裡要順便請各位投資人思考一個重點，如何研判這一個型態是確認「短線空頭趨勢」開始發動？無庸置疑的，要以L0作為關鍵的重點觀察位置，因為這是一個「型態」，既然如此，必須要跌破型態的最低點才能加以確認，至於在L1的隔一筆，雖然是一根日落黑棒，只能說行情暗示有極大的機會下挫，而不能說已經開始下挫！

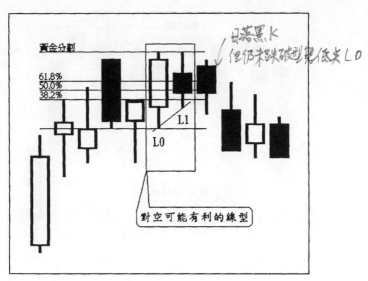

圖3-3　對空頭可能有利的型態

　　這當中認定的心態差異很大，我們不是賭徒，沒有必要對行情走向妄下定論，所以有人認為分析行情就是要精準判斷明日漲跌，這其實不是一般投資大眾應該做的，只要對行情做合理假設，以及推演可能情形，至於答案，盤面自然就會告訴我們，屆時只要做該做的動作即可。

　　請看《圖3-4》。在橫盤中，尤其以中段整理或中級反彈中最容易出現這樣的組合，亦即兩根都為黑色棒線所組合而成的鑷頂型態，兩根黑棒並排，如果之前又出現缺口，不正是兩隻烏鴉高高站在樹梢的意思？

　　所以這樣的組合只要出現型態完成(就是跌破型態的低

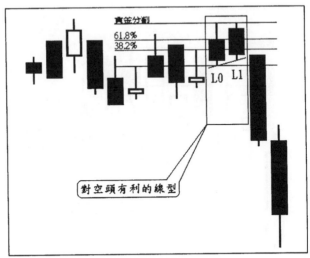

圖3-4 對空頭有利的型態

點)，就會出現向下調整的浪潮。從型態中可以看見，L1大於L0，為低點墊高，可惜的是左側棒線當筆就收低在自己高低幅的0.382倍幅以下，屬於弱勢收盤，雖然右側棒線開高(其實更糟)走低，收盤不但收自己棒線高低幅的0.382倍幅之下，同時收在左側棒線高低幅的0.382倍幅之下，所以明日只有一條路可以走，就是開高走高來化解，容不得開平走低或開高走低，最糟的是開低走低。

　　當然這裡敘述的只是一個正常思考上的邏輯，並非列出的圖形就是標準型態，大抵上以這樣方式思考，並以後續的走勢加以確認就可以了，千萬別看見如同圖中所圈出的型態就說：明日必定下跌！因為主力也會利用這樣的線型壓抑盤勢，所以請讀者一定要做「確認」的動作。雖然有部分類似

組合可以在當時即知爲轉折型態，然而在整體實戰觀念未臻完備之前，建議仍不宜提早下定論爲佳。

在《圖3-5》的範例當中，原始趨勢處於上升的走勢，並如圖中框起來的地方出現了「鑷頂」的型態組合。細查這一個鑷頂，是左側爲收高的白線，右側是開高的黑線，兩筆棒線都留有下影線，而且黑線的低點L1較白線的低點L0還要高；就極短線而言，低點墊高代表趨勢尚未破壞，高點沒有創新高代表上攻力道受到阻礙。

通常看見黑K線，我們都會有一點排斥，大致上心理會認爲不好，但是從黃金比率的角度來觀察，黑棒的收盤正好收在白棒的0.618的位置，雖然下影線曾經穿越0.382的位

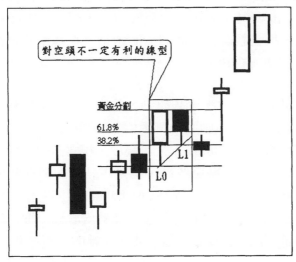

圖3-5 對空頭不一定有利的型態

置，但是收盤還是拉起來了，因此可以研判這一筆黑棒並沒有破壞白線的多頭氣勢。

雖然一般人認爲右側收黑的棒線對空方有利，但是在沒有跌破白線強勢值位置的情形下，不見得對空方有利，所以這個型態的完成與否，關鍵之處就在型態的高低點是否突破。尤其在型態右側又出現一根下跌的黑棒，大概看空的人又增加不少，直到向上突破型態，才恍然大悟：這極有可能是主力「洗盤」加「誘空」的行爲啊！所以散戶在未知主力操作心態時，不宜妄加揣測，仍是等型態確認完成較爲妥當。

## 鑷　底

請看《圖3-6》。原始趨勢處於緩步推升的上漲過程，在「墓碑」之後出現「鑷底」的型態組合，因爲兩筆棒線都是黑K棒線，加上右側爲「冰棒」的線型，在基本的組合型態上，屬於對空方有利。

我們再將黃金比率套入研判，就可以更明顯的感受到空頭有利的情形。在右側這一筆黑K線的收盤價位置，是收低在整根棒線幅度的0.382以下，是屬於一根弱勢的棒線。雖然H1的高點較H0的高點還要高，但是這一個型態在此例中，是完全被包覆在「墓碑」線裡面，因此在型態右側出現長黑棒線將型態跌破時，也同時將原始趨勢處於緩步推升的上漲的這一段漲勢給整個吃掉，宣告走入重挫的空頭走勢。

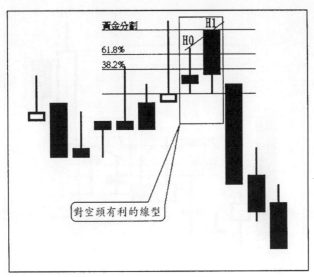

圖3-6　對空頭有利的型態

因此大致可以知道，所謂原始趨勢處於緩步推升的上漲這一段走勢，加上是出現在空頭趨勢當中的反彈，那麼「鑷底」型態的出現，就要注意是否到了變盤的臨界點，而在出現型態「明顯」被破壞時，多單必須儘速出場。

在《圖3-7》也出現了「鑷底」的型態組合，從整張圖形的最左側可以看見一根長黑棒線，後來的K線型態都被包覆在這一根棒線之內。當然其中不乏一些特殊的型態，但是個人只重視離目前最近的型態變化與組合。

在圖形被框起來的部分，兩筆棒線都收黑，唯一可以值得稱許的是右側棒線創高，也就是H1高點比H0的高點還要

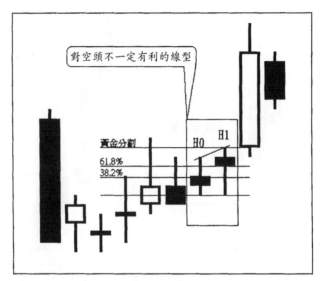

圖3-7　對空頭不一定有利的型態

高，另外一個就是不創低的情形下，留了下影線(暗示已經有
支撐力道)，而且收盤收在當筆棒線高低幅度的0.618倍幅之
處，強勢收盤對多頭稍微有利。

　　然而在長黑棒線的壓制下，仍不能脫離股價有走空的陰
影，所以這裡絕對需要「表態」的行為來加以確認多空方
向，避免以擲銅板的方式，或是主觀的認定多空方向，建議
完全以後續走勢為依歸。

　　通常這種連續型態組合會發生在多頭盤底，或是多頭漲
多回檔的中段整理過程，在出現這樣的型態組合的過程，可
以另外以其他技術面觀察到主力「試單」的行為，也就是測

試買賣雙方力道的交易單。

　　而《圖3-8》就極有可能是對空頭有利的型態了。怎麼說呢？想要營造對空方有利的線型，最好原始趨勢在空頭中的中級反彈，或者是漲勢末端。空頭中的中級反彈對於技術分析稍有涉獵的投資人還容易分辨，而漲勢末端的難度較高，尤其牽涉到浪潮與目標的推演，有機會再專文敘述。

　　在圖中框起來之處，左側棒線是一根帶有下影線的白線，右側是一根黑K棒線，檢視這一個「鑷底」型態組合弱勢的理由在於右側棒線的高點H1小於左側棒線的高點H0，沒有創新高已經屬於短線弱勢。

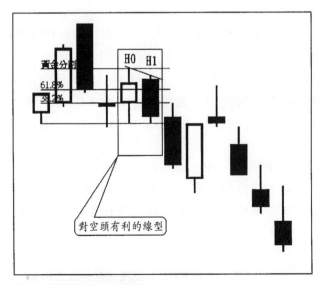

圖3-8　對空頭有利的型態

再看右側棒線的收盤位置，是收在左側白色棒線的0.382倍幅之下，屬於弱勢收盤，也破壞了左側棒線的支撐力道，而且離整個型態的低點也相當接近，所以是屬於容易向下完成型態的類型，要向上突破顯然需要較多的多頭力道，因此盤勢在這樣的組合出現，通常會順勢向下跌破型態組合。

不過這裡仍要提醒各位投資人，不要忘記原始的趨勢行為，這裡無法將所有變化逐一列出，只能舉一些例子，希望投資人能將思考邏輯活用在所有K線圖形當中。

請看《圖3-9》，在原始趨勢處於上升的過程中，假設出現圖中框起來的「鑷底」型態。這裡暫時只視為多頭中的回檔走勢。所以在趨勢上仍然對多頭有利。

再細查這兩根棒線組合，雖然右側棒線的H1高點比左側棒線H0高點還要低，但是右側棒線收盤的位置收高在左側棒線高低幅度的0.618倍幅之上，很顯然，多頭已經嘗試克服左側棒線的壓力，因此只要突破型態高點，就可以持續原有的上漲趨勢。

這一張圖例很有趣，雖然在走勢過程中不見得會再出現這樣的組合，但是仍然要讓投資朋友做深思，在型態組合之後，出現了三根棒線，當然都沒有突破型態，他們的目的是要做些什麼？

首先，操作的觀念是沒有必要在這裡領先佈局，這裡以型態做一個狹幅的箱型整理主要的目的，是為了緩和指標過

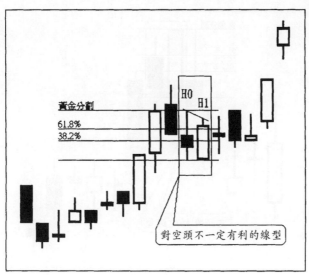

圖3-9 對空頭不一定有利的型態

熱現象，並且利用連續對多頭不利的線型，例如：十字變盤線與陽母子，讓投資人誤以為即將轉折，而行震盪洗盤之實，但是老話一句：當時懷疑歸懷疑，仍然不能就這麼大膽跳進去，不過可以當做向上突破型態時絕對買進的理由。

## 陰母子

請看《圖3-10》。一般而言，出現母子的組合型態，都暫時視為轉折型態，雖然並非絕對如此，但是在出現這樣型態時仍需加以辨明。

當在原始趨勢屬於上漲過程中，出現測量幅度滿足或是遭逢前波壓力時，如果出現同圖中框起來的「陰母子」型態

未過新高暗示有压力
→緊接二黑长又跌破型兒之 0.382

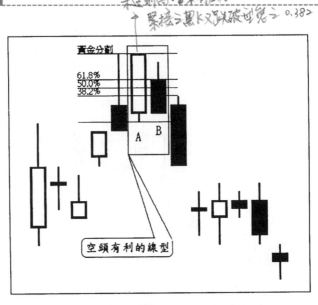

圖3-10　對空頭有利的型態

組合，要考慮是否產生轉折之前，先看看這一個組合的多空
力道消長。

在標示A的長白棒線，雖然收高，但是其疑慮在於收高
的力道竟然沒有比前一筆高，顯然前一筆的壓力相當重。接
下來出現標示B的收黑棒線，收盤價已經跌破編號A棒線的高
低幅度0.382以下，不但自己是弱勢收盤，也打壞了編號A的
白線力道，加上離型態低點相對接近，所以要提防跌破型態
低點之後，造成高檔的轉折型態。

請看《圖3-11》。這是屬於對空頭不一定有利的線型。首
先我們發覺原始趨勢屬於上漲中的走勢，標示A的「蠟燭」

線暗示短線上有獲利的賣壓，但是這一根蠟燭並沒有造成多
頭疑慮，因為收得相當高，也就是說蠟燭還沒有燒完，多頭
的力道仍在，萬一收得比較低就是多頭力道燒完了，不幸會
形成「墓碑」。

　　接下來標示B的棒線持續出現短線賣壓，而這一個短線
賣壓沒有跌破標示A棒線高低幅的0.382以下，顯然支撐力道
還在，收在0.5倍幅這裡，可以說是多空處於均衡狀態，然而
比較起來仍是多頭略勝，原因在於連續賣壓都沒有打壞多空
均衡的值。

　　等到型態高點被突破，就持續原有的上漲趨勢。而這裡

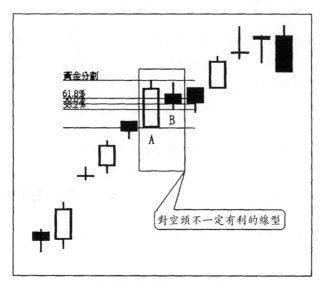

圖3-11　對空頭不一定有利的型態

並不適合假設是主力洗盤線型，只能說是短線獲利回吐賣壓
造成的震盪，而因為主力心目中理想的目標價尚未滿足，在
這裡主力會嘗試承接，所以後續高檔通常會出現暴大量的情
形以反應主力將手中籌碼倒出。

## 陽母子

在《圖3-12》可以看見股價已經從高檔轉折向下，尤其
是高檔是「母子」與「子母」型態的跌破，這已經形成對空
方有利的轉折，所以原始趨勢定義成有「多轉空」的疑慮。

接下來股價形成圖形中框起來的「陽母子」型態，編號
A是一根冰棒線，屬於空方優勢的線型，而且收盤也收在當
筆棒線高低倍幅的0.382以下，屬於弱勢收盤。

而編號B棒線為一根陽紡錘，收高在多空均衡之上，也
就是編號A棒線高低倍幅0.5倍之上，可惜的是沒有收在編號
A高低幅的0.618倍上，因此棒線A的壓力仍在，所以只要跌
破型態，往往下跌走勢會持續一段時間，甚至又急又快。

因此在棒線B的右側出現兩根沒有跌破型態前的黑K棒
線，就可以很容易的揣測其目的是什麼了。因為其中一根的
上影線較長，另一根的下影線較長，稱為「上沖下洗盤」。

請看《圖3-13》。這一個圖形的原始趨勢是處於上升趨
勢當中，走勢在上升過程中出現十字線，致使股價產生回
檔，最後出現一個「陽母子」的型態組合。

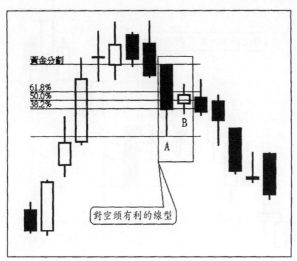

圖3-12　對空頭有利的型態

　　其中編號A是跌破前一個「陽母子」的型態組合，而且收最低，顯見相當弱勢，當股價行進至此，以為股價處於弱勢自然不為過。但在編號B棒線出現之後，讓原本的研判產生戲劇性變化，多頭似乎又燃起一絲生機。

　　細查其原因，除了編號B棒線的低點墊高之外，其收盤價也收在編號A棒線的高低幅0.618位置，等於是擊潰空頭的防線，還有一個重點是既然編號A是空方氣盛，收盤收在最低，怎麼會在隔日出現不創低的現象，還讓多頭在收盤時擊敗空方防守線呢？怎麼看也都不符合作戰原理，唯一合理的解釋就是編號A為主力慣壓的殺短多線型，編號B是主力誘短空的線型。

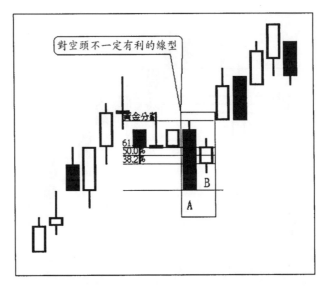

圖3-13　對空頭不一定有利的型態

　　相對的，如果編號A呈現量增，而編號B呈現量縮的走
勢，其理更明。

## 烏雲罩頂

　　在《圖3-14》中，出現了所謂「烏雲罩頂」的型態組
合。怎知這一個型態組合對空頭會有利？而不是主力洗盤誘
空？當然先決條件是日線所處的相對位置，我們可以利用浪
潮或是K線趨勢的力道加以測量，當處於「絕對滿足區」，出
現對空方有利的線型，當然是先腳底抹油。

　　大結構出現對多頭比較不利的狀況之後，再來細查棒線
組合的優勝劣敗。編號A無疑的是一根多方氣勢的長白線，

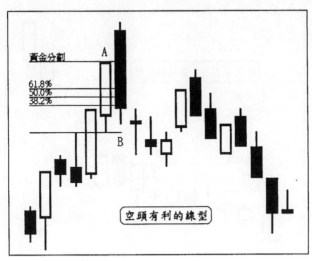

圖3-14　對空頭有利的型態

收在最高點，又留有下影線，而編號B再創高之後股價走勢反轉直下，收一根黑K棒線，而且非常明顯的已經跌破棒線A高低幅度的0.382倍幅以下，可見空方力道的強勁。

　　假設當時就在「絕對滿足區」，再加上這樣的線型組合，自然是要對手中所持多單抱持相當謹慎的態度，假設當時線B亦伴隨大量，多方的危機更甚，當然暴大量的程度會有所差異，這牽涉到主力出貨模式，是屬於短期出貨或是中期出貨手法。

　　而在《圖3-15》當中，卻不一定是對空頭有利的線型。首先看看細部型態的現象。

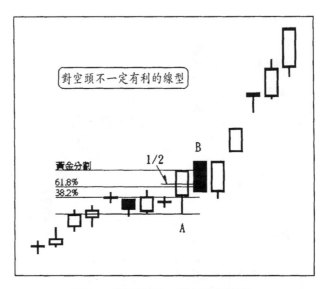

圖3-15 對空頭不一定有利的型態

在編號A的這一根棒線中,是突破前高的一根棒線,收在最高點,又留有下影線,一般視為對多頭有利的線型自然無庸置疑。而在編號B棒線出現之後,讓情況產生了一些細微的變化。

編號B棒線是開高走低收最低的一根棒線,當他收盤收在編號A的實體1/2之處以下時,就已經宣告「烏雲罩頂」的型態已經成立,在當時編號B的確是創下最高點的棒線。若是就此出脫手中多單,尚可以接受,萬一進行放空,其動作就值得商榷,理由在於編號B棒線的收盤並未擊潰編號A線高低幅的0.382位置,也就是多頭支撐力道尚存。

　　之所以說出脫手中多單可行，是因為未來股價上漲還有
買回機會，而放空不幸被軋空，卻不見得可以補得回來，尤
其是股市作手在作線時，慣用投資人對K線真諦認識不清的
狀況，進行所謂「騙線」手段，所以在運用時，除了必須深
入瞭解外，態度仍需謹慎保守。

## 夜　星

　　請看《圖3-16》。接著談到夜星的型態組合，雖然研判
關鍵大致上相同，但是在各種不同的例子上仍有連續的細微
變化，以及思考上的綜合研判，因此筆者才不厭其煩的列舉
眾多組合一一說明。

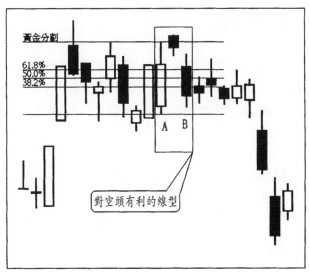

圖3-16　對空頭有利的型態

　　這一個線型最大的特點當然是在於出現相對高點而回檔之後，向上跳空的「實體缺口」很快就被空方填補掉，而最後一個向下的缺口也就是在框起來的型態中，卻遲遲沒有被填補。

　　意思是編號B和前一筆的棒線之間，所留下的向下跳空實體缺口沒有被填補掉，更增添對型態完成的疑慮。尤其是編號B是以向下跳空的空方攻擊模式，擊潰編號A的高低幅0.382位置，雖然後面幾筆沒有立刻跌破型態，卻也沒有填補向下跳空的實體缺口。

　　因此這裡多單要先處於觀望的態度，不應該等到跌破型態組合才急急忙忙將股票殺出，因為這樣極容易賣在當筆殺盤棒線的最低點附近。

　　接下來請看《圖3-17》。這一個圖形與《圖3-16》最明顯的差異在哪裡呢？答對了，就是編號B棒線的隔一筆，立刻填補了向下跳空的實體缺口，與《圖3-16》遲遲不去填補有天壤之別。

　　當然細微之處不僅僅在此，首先看編號A棒線，是一根留有上下影線的白色棒線，代表上檔有壓，下檔有撐。重點在收盤價，收在當筆高低幅度的0.618倍幅以上，所以屬於對多頭有利的防守。

　　隔一筆形成向上跳空的小黑K棒線，再形成向下跳空的一根小冰棒線，如果要說冰棒太小，所以無法破壞多頭，那

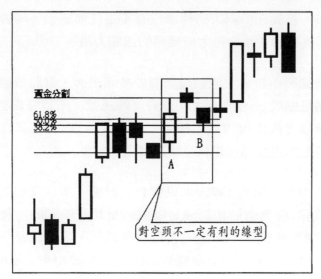

黃金分割
61.8%
50.0%
38.2%

B

A

對空頭不一定有利的線型

圖3-17　對空頭不一定有利的型態

只是一個玩笑話，真正的重點在於編號B棒線的收盤收在編號A棒線高低幅度的0.5之上，算是多頭略佔一點上風，因為＝0.5倍幅是多空均衡，比0.5倍幅高一點，自然是多頭略佔稍許上風，但是不夠強，要大於0.618倍幅才算強勢，至少也要等於0.618。

雖然是一個多頭的反轉型態，但在多頭佔一點上風的情形下，只好等型態的確認來定奪，等到走勢出現向上突破，才能說趨勢持續向上。

雙　鴉

請看《圖3-18》。「雙鴉」的型態其實是「夜星」型態

的變形，差異在於向下的棒線沒有產生任何缺口。兩者比較起來，夜星的空頭力道大於雙鴉的空頭力道。

從圖形中看來，原始趨勢屬於多頭走勢，當股價進行到相對滿足點時，必須要注意多頭反轉訊號，所以在編號A這一筆棒線之後出現的向上跳空，並且收黑的K線，就必須注意後續是出現雙鴉或是夜星的反轉型態。

其中這一根黑K線因爲只留有上影線，所以又稱爲「流星」，這對股價處於相對滿足區域時是比較不利的，後續出現編號B的棒線，不但振幅大且收在最低，本身就是一根空方攻擊的線型，又加上收盤價位破壞了編號A棒線高低幅度

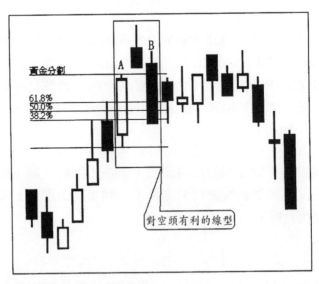

圖3-18　對空頭有利的型態

的0.382位置，顯然是將多頭防線擊敗，因此可以發現，在型態未完成時，股價就以編號B棒線的高低點作箱型震盪。

震盪的目的如果是出貨，那麼股價就會反轉，若是洗盤就會往上突破，讀者可以嘗試分辨震盪過程中的異同。

請看《圖3-19》。在看文字敘述之前，請大家比較《圖3-18》和《圖3-19》之間的異同，相信可以很清楚瞭解其中的關鍵，這不是看圖說故事，而是從既往的走勢圖練習對走勢推估，練習到看見走勢圖自然想到該有的反應，大致上就差不多了，這和下圍棋一樣道理，從對方下的一手棋，就應該可以想出其他可能的棋路和應對方法。

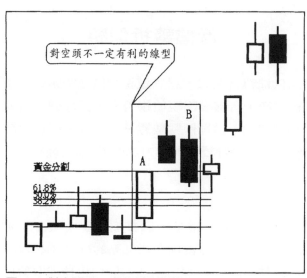

圖3-19　對空頭不一定有利的型態

編號A無庸置疑的是一根收最高的長白線，隔一筆也是出現向上跳空收低的黑K棒線，所以接下來仍要注意出現何種型態組合，是夜星？還是雙鴉？等到編號B棒線出現之後，填補掉向上跳空缺口，但是自己沒有留下缺口，所以到這裡確定是雙鴉的型態組合。

沒有人規定非產生反轉不可，所以這種型態最好是等確認，尤其是編號B棒線的下影線部分，連編號A棒線高低幅度的0.618位置都沒有觸及，更違論收盤了，所以這一個型態定位在不一定對空頭有利，更何況在編號B的隔一筆出現支撐線型，他的最低點正好點在編號A棒線高低幅度的0.618位置，不正是宣告這裡有支撐？只要向上突破自然是多頭續多的行情了。

# 低檔轉折型態

所謂低檔轉折型態，意思是說股價在空頭時持續下跌到相對低檔之後，有機會出現使趨勢產生正反轉的型態，稱為「低檔轉折型態」。這裡僅就型態是否已經完成做探討，暫時不考慮成交量、分線變化與主力洗盤模式的探討。

## 鑷　頂

請看《圖3-20》。這是一個有趣的型態組合。尤其是發生在下跌滿足區之後，當創了新低點的L0棒線出現之後，隨即出現低點墊高的L1棒線，當然右側白色棒線收盤已經收高在左側黑K棒線高低幅的0.618位置之上，甚至收在黑K實體

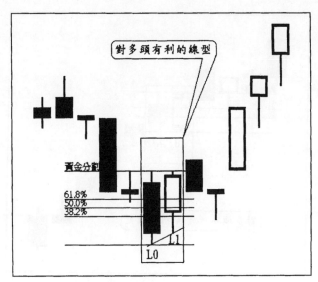

圖3-20 對多頭有利的型態

之上，這是暗示空頭力道到此有竭盡的跡象。

　　不過在低檔有機會正反轉的情形下，仍不宜貿然進場作
多，最多只是回補空單或是準備作多買進而已，等到短期底
部訊號成立，再考慮作多不遲。

　　接下來看《圖3-21》。在下跌走勢中出現了「鑷頂」的K
線型態組合，出現型態時可以輔以指標、浪潮等等技術面來
觀察是否有機會出現止跌，但是仍然要以K線做最後定奪，
不宜偏廢。

　　從圖形中框起來的部分研判，左側是一根多頭棒線，除

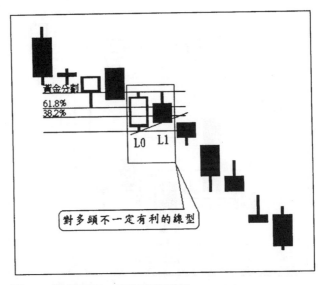

圖3-21　對多頭不一定有利的型態

了白線爲多頭表徵之外，收高在高低幅的0.618倍以上也是訊
號之一。雖然右側出現的黑K棒線低點墊高，亦即L1的低點
高於L0的低點，但是該筆棒線的收盤收在最低，且又擊潰了
左側白線高低幅的0.382位置，等於說左側的重要多頭防線已
經失守。

　　因此這裡只要再出現空頭攻擊，那麼趨勢除了會持續向
下之外，這一個型態不幸還會成爲「下跌中繼站」，所以不
宜看見低點墊高，就誤以爲這是對多頭有利，細查當中關
鍵，自然會明白了。

　　接下來請看《圖3-22》。這一個例子呈現止跌並非利用

「鑷頂」的型態組合，而是一根更有力的「槌子」，後續的幾根棒線都可以視爲在這一根槌子線內震盪。也就是說，利用這根槌子線在做箱型整理，如果整理成功就是底部，整理失敗就變成下跌的反彈整理。

在這一個箱型整理當中，先出現標示L0的黑K棒線，再出現標示L1的白色K線，雖然L1的低點比L0的低點還要低，但是這一根白色棒線不但收出下影線，收盤也收高在當筆棒線高低幅度的0.618位置之上，所以是屬於支撐線型，其最高點又與L0的高點相等，所以是「鑷頂」的組合。

之所以研判對多頭可能有利，是因爲在槌子線的箱幅內

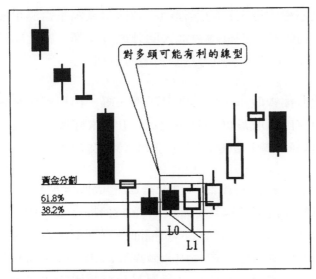

圖3-22　對多頭可能有利的型態

有一定支撐,再者鑷頂型態也稍微偏向多方,所以只要出現突破型態,就是多頭正式表態了,也就是說短期底部已經成立。

大家可能會有一個疑問,需不需要等到突破槌子線高點才能確認多頭表態?根據經驗,多頭往往一口氣將型態突破,也就是突破鑷頂高點時會同時突破槌子線的高點。

## 鑷 底

請看《圖3-23》。在下跌走勢過程中,假設如圖形一樣出現了「鑷底」組合,兩筆棒線均留有下影線,與之前兩筆長黑都是收最低,有著明顯的不同。

在連續支撐兩日的過程中,並測量跌幅是否滿足後,就可以研判盤勢是否有機會進入回升或是反彈。在此同時,當然也要細查K線型態組合是否對多方有利。

左側棒線收黑,視為空頭線型,唯一值得提出來說明的是在連續兩筆收最低的長黑之後,出現K線較小且留有下影線的黑K線,暗示跌勢趨緩,空頭有轉成弱勢的嫌疑。

右側白線高點創高,也就是H1的高點大於H0的高點,收盤也收在當筆棒線高低幅度的0.618倍幅之上,所以至此可以研判多頭有望,因此空單先補而多單則不一定進場,必須要等多頭明確表態。像圖中突破型態之後一路走高的線型,令人不得不懷疑兩筆收最低長黑是故意攢壓的手法,不然怎

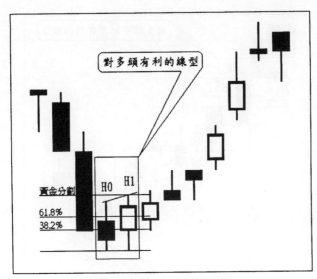

圖3-23　對多頭有利的型態

麼沒有震盪壓回盤底的跡象呢？

　　接下來請看《圖3-24》。在滿足區未到達前，出現對相反方向有利的反轉型態都不一定反轉，如果出現的是不見得有利的反轉型態，就更不容易反轉，反而會形成「下跌中繼站」。

　　在這張圖中，框起來的地方，左側為一根收最低的黑K棒線，右側是一小根蠟燭線，兩者合併成「鑷底」型態，暫且不論是否在跌幅滿足區域出現，就線型組合而言，這也是一個多頭無力的「鑷底」型態。

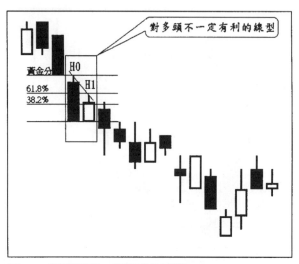

圖3-24　對多頭不一定有利的型態

　　理由在於右側棒線的高點H1小於左側的高點H0，沒有
創高代表多頭力道不足。而右側棒線收盤價位沒有收在左側
棒線高低幅度的0.618倍位置之上，顯見空頭力道尚在，因此
只要空方再次出動，跌破型態的下緣，這一個型態就是不折
不扣的「下跌中繼站」了。

　　請看《圖3-25》。圖中所示的「鑷頂底」型態組合，呈現
右側棒線高點H1小於左側棒線高點H0，因為高點沒有創
高，所以多頭在「型」方面，略輸空頭一籌。

　　在力道方面，右側白色棒線的收盤，已經突破左側棒線
高低幅度的0.618位置之上，所以多頭反攻的力道強烈，此時
只要注意何時突破型態就可以準備作多買進。

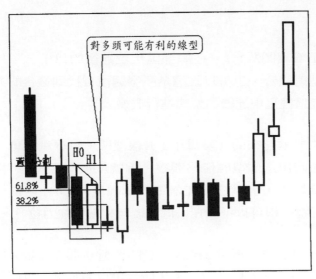

圖3-25　對多頭可能有利的型態

　　從圖形發現，以標示H0的這一根黑線為觀測重點，將它的高低幅各畫一條上下水平頸線，赫然發現就是以這一筆棒線做一個箱幅整理，雖然在整理過程中有上下影線穿越，但是沒有收盤價站上或是跌破的。

　　直到出現一筆長白棒線，收盤價站上這一個水平上限之後，股價就如同脫韁野馬，急速上漲。因此在一般投資人的操作哲學中，「買的好不如買的巧」，買在盤底期間會浪費時間成本，還不能肯定一定會產生趨勢行情，買在真正的起漲點，相較起來就安全多了，這才是真正的「追高買進」。

## 陰母子

　　請看《圖3-26》。在底部區出現連續的母子、子母、鑷底的型態組合，也可以說這是多空還沒有找到適合的方向，所以在這裡呈現連續的型態進行震盪。

　　由於框起來的「陰母子」K線型態，母線創新低，所以只好暫時用這個型態作為觀察。編號A是一根不折不扣強有力的蠟燭線，因為它收在當筆高低幅度的0.618倍幅位置之上，從這一根可以推測在破低之後有人進場強力拉升。

　　接續出現的編號B棒線，它的收盤也收在編號A棒線高低幅度的0.618倍幅位置之上，所以可以假設這一筆棒線肇因

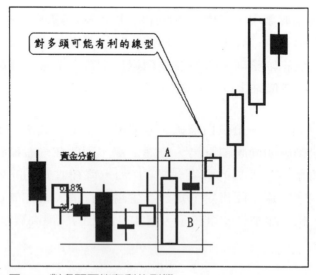

圖3-26 對多頭可能有利的型態

編號A的強力拉升之後，所出現的緩衝線型，進而形成母子型態。

　　有人會認爲長白之後不日出是一種弱勢表現，其實不盡然，所有研判都是相對應的，K線學不好，就是因爲把它一根一根拆開來看，只看到幾根線型的組合，忽略整體連續的走勢所致。

　　請看《圖3-27》。在下跌波中，出現股價反彈，當出現編號A這一筆棒線時，發現是一根強有力的蠟燭線，因爲它收在當筆高低幅度的0.618倍幅位置之上，且上影線極短。

　　畢竟這裡已經反彈，與上一張《圖3-26》略有不同。所以當出現編號B這筆棒線時，就不能說是一個緩衝的線型，反而要懷疑這是多頭力竭的現象，請詳加比較兩張圖的差異。

　　再來是編號B收盤位置的不恰當，它已經擊潰編號A當筆棒線高低幅度的0.382倍幅位置之下，等於這一路反彈唯一多頭表態的防線立即被攻破，所以只要出現型態低點被跌破就確認反彈結束了。

　　在圖中可以看見，編號B的隔一筆棒線立刻跌破編號A的低點，而且收最低，宣告反彈結束，同時也宣告這一組型態爲未來的壓力，未來股價反彈至此，必然會出現反壓，如果編號A棒線又呈現量增，代表套牢者眾，亦代表此處壓力

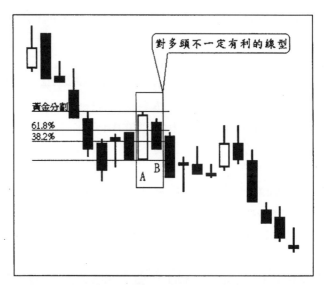

圖3-27 對多頭不一定有利的型態

更重。

## 陽母子

請看《圖3-28》。在圖形中，股價呈現緩跌的情況下，創下新低點並出現框起來的「陽母子」K線型態。因為原始趨勢下跌過程中並沒有殺盤力道，自然對空頭反轉型態的出現呈現有利的時空背景。

在編號A出現後，自然是沒有人看好多頭，投資人習慣見紅欣喜，然而在出現編號B的棒線之後才讓多頭出現生機，原因在於編號B的收盤收在編號A當筆棒線高低幅度的0.618倍幅位置之上，顯見空方防線已經被擊潰，加上時空背

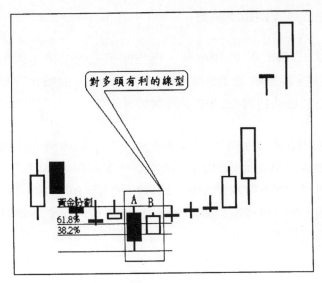

圖3-28 對多頭有利的型態

景處在於緩跌走勢中，因此只要出現突破型態高點，就可以追價買進，因此這是一個對多頭有利的線型。

投資人可以自行畫線練習，將「陽母子」的高點畫一條水平頸線，同時也將編號A前面兩筆棒線組合而成的「鑷頂」型態高點畫一條水平頸線，結果發現都是同一筆棒線突破確認，也就是「蠟燭」線突破，這裡要表達的意思是：只要是多頭的表態，訊號都會相當明確，就看當下能否克服心理障礙，勇敢的下手多單罷了。

請看《圖3-29》。股價的原始趨勢處於下跌過程中，當然要先將跌幅滿足區域先設定出來，然後再觀察出現何種K

線型態或是空頭錯誤訊號。

　　當出現編號A的棒線時，爲空頭續空的結構，因爲當筆棒線爲開最高收最低的實體黑棒，而出現編號B的棒線之後，仍然無法扭轉空頭續空的劣勢。

　　原因在於編號B是一根墓碑線，在下跌趨勢中出現這種線型暫時沒有看好的理由，除非隔一筆開高走高收高才有機會，再者編號B與編號A相互比較時，編號B的收盤並沒有收在編號A當筆棒線高低幅度的0.618倍幅位置之上，因此只能以弱勢型態視之。

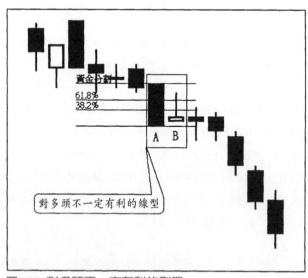

圖3-29　對多頭不一定有利的型態

　　並非在下跌過程中出現空頭反轉型態就必然反轉，這種錯誤的認知必須修正，才有機會將K線運用得宜，簡單的方法就是等確認，因爲股票的操作不是賭博，沒有必要對還未發生的情況下進行決定，我們可以推測可能發生的走勢，然後再依據實際發生的情況做出決策即可。

## 陰子母

　　接下來看《圖3-30》。在整張圖的左側，原本已經出現對多頭有利的線型，後來又出現如圖所示「陰子母」的K線型態，這一個型態可能對多頭有利。

　　只說可能的理由是因爲編號B這一筆棒線創新低價，對多方有利的理由是：編號B的收盤收在當筆高低幅度0.618位置之上，又留有長下影線，類似一根槌子的線型，所以有其支撐力道存在，因此才定位成對多頭可能有利的型態。

　　當然，編號B後的隔一筆也與編號B形成鑷頂，所以依照操作原則，就以編號B棒線高低點畫出上下水平頸線觀察，我們可以從圖形後續變化看見幾點有趣的現象，亦即「主力震盪摔轎」的行爲。

　　觀察點就在墓碑線上，第一根墓碑線開高(應該是一價到底漲停)，接著再出現第二根墓碑線，然後再開高走高展開波段攻擊行情，這兩根墓碑線其實就是主力摔轎手法。買點仍然是型態突破的當時，而不是摔轎的地方。

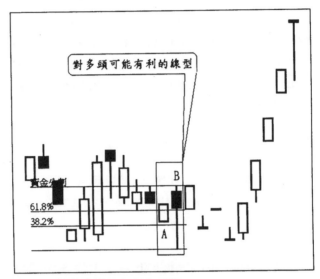

圖3-30　對多頭可能有利的型態

## 陽子母

　　請看《圖3-31》。股價的原始趨勢處於連續重挫中，出現編號B的蠟燭線將編號A包覆起來，因為編號B的振幅(最高－最低)夠大，又收高在高低幅度0.618位置之上，並與編號A形成「陽子母」的K線組合型態，所以對多方形成一個有利的條件。

　　不過別忘記原始趨勢是重挫，並且以比較傾斜的角度下跌，顯然空方殺盤力道相當強，單單只想利用一組K線型態就要將多空趨勢扭轉，畢竟相當不容易，依照股價波動原理的慣性，通常會再打一個底部之後，才會形成有利於股價向

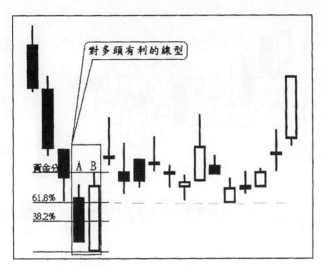

圖3-31　對多頭有利的型態

上推動的走勢。

　　各位投資朋友可以嘗試拿筆在上面的圖中畫一條線，就從編號B棒線高低幅度的0.618那一條線將它做水平延伸，結果發現後續的股價震盪，都沒有跌破這一條延伸水平線，其中奧妙就讓大家慢慢咀嚼思考。

　　接下來請看《圖3-32》。這一張圖例不小心會讓人作多停損。編號A與編號B兩筆棒線組成「陽子母」的K線組合型態。編號B類似一根十字線，它的收盤沒有收在當筆棒線高低倍幅的0.618倍以上，但是有收在0.5倍以上，所以多頭略佔上風，會遭逢停損的原因在於編號B的隔一筆是作出多頭突破的線型。

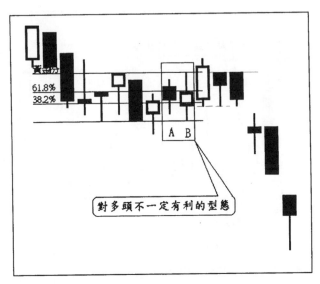

圖3-32　對多頭不一定有利的型態

　　依照操作策略，出現多頭突破當然是執行做買進動作，買進之後的當筆棒線低點即刻設下停損點，這是必然的反射習慣，後續就出現不利多頭的「鑷底」、「鑷頂」組合，當跌破停損點就要停損出場了。

　　能不能事先知道有機會跌破低點？可以的，從浪潮得知目前是屬於何種浪潮，會發生這種假突破的行為，一般是在空頭當中的反彈浪潮，另外一個實戰觀念是出現多頭的表態攻擊，怎麼會連續兩日無法再創高點呢？投資人可能會懷疑是否有機會形成「上揚三法」，但是也別忘記上揚三法的第一筆K線是「日出線」才算標準。

台積電
會在三天內
表態是否為
真突破．

## 曙光初現

　　請看《圖3-33》。股價在橫盤之後忽然下挫，先出現一根「蠟燭」線嘗試支撐，後續可能是因爲賣壓太重，出現了編號A開最高收最低的實體黑K線，至此我們仍視爲空頭優勢，等到下一筆棒線出現，才出現轉機。

　　當編號B棒線出現時，發現它是一根開最低收最高的長白線，收盤價紮實的切入編號A棒線高低幅度的0.618倍位置之上，兩者組合成「曙光初現」的K線型態，至此，再重新檢視整段K線所想要傳達的語言，才發現這是「主力承接盤」。

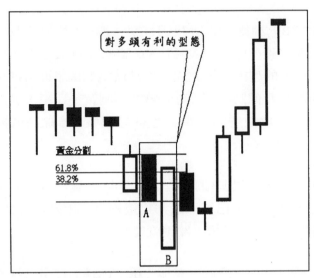

圖3-33　對多頭有利的型態

横盤代表股價停滯，或許有人進場承接，忽然下跌使主力不得不再度承接，所以才有蠟燭線的產生，接下來發現賣壓太重，只好順勢再殺一根黑K，等到賣壓消化完畢之後才做出編號B的線型拉抬。而剛剛驚魂未定的散戶見到長白拉升會急著出場，以致於產生了多頭力竭，並且短線壓回的線形。這種過程往往就是所謂的「破底穿頭」，若不是主力故意洗盤，就是突發性的利空所造成的特殊線型。

接下來請看《圖3-34》。原始股價趨勢在下跌的過程中，從小實體黑K線，加速度變成編號A實體較大的黑K線。大家可以想像，下跌加速後是不是容易產生反作用力的反彈作用？而反彈力道足夠與否，將決定是盤底、中段整理或是持續破底。

編號B的棒線就告訴我們答案。編號B棒線的收盤若是依照型態定義，已經切入編號A實體部分的1/2位置，「等於曙光初現」的型態已經完成，但是就這個例子而言卻仍然下跌，何故？我們將編號A高低幅度切割黃金比率，赫然發現收盤並沒有攻破空頭防線，也就是編號A棒線高低幅度的0.618倍位置。

所以答案就很明顯了，編號B的隔一筆出現開高走低的「冰棒」，就大致上已經可以判定這裡是「下跌中繼站」，因此型態的多空力道分辨，關鍵就在此處。

當然也可以交換過來看那一根「冰棒」線是否打壞多頭

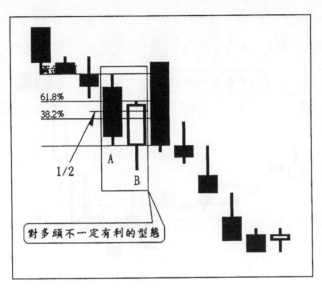

圖3-34　對多頭不一定有利的型態

(即編號B棒線)的支撐結構，更可以眞確的找出答案，答案出來，股價行爲接著出現多空表態，就是做動作執行買賣。

## 晨　星

請看《圖3-35》。股價原始趨勢在緩慢下跌中，缺乏一個強有力的型態與多頭突破表態。當出現編號A的黑K線，雖然屬於日出，不過不容易引起投資人的興趣，等到編號A的下一筆類似「墓碑」線出現，依然是意興闌珊。

不過這種墓碑線有時是主力刻意洗盤，單純從日線上並不容易於當日判別，必須搭配盤中即時走勢圖與日成交量輔

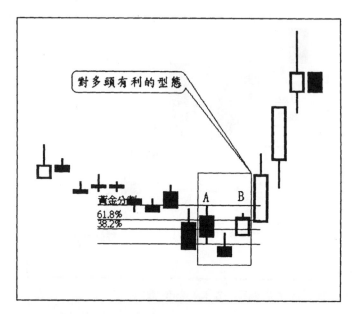

圖3-35 對多頭有利的型態

助才可以看出端倪。而編號B的出現將有關鍵的決定性。

原因是編號B棒線爲開高走高，與墓碑線留下實體缺口，而墓碑線與編號A棒線亦留有實體缺口，所以這三根棒線就形成「晨星」的K線型態組合，接下來研判多頭力道是否足夠，基本的方法就是觀察編號B棒線的收盤價位置。

編號B棒線的收盤價明顯的收在編號A棒線高低幅度的0.618倍位置之上，所以多頭有利，只要出現多頭表態突破型態組合，就可以進場作多。

接下來請看《圖3-36》。原始趨勢處於下跌過程中，雖然編號A棒線留有長下影線，但是收盤位置收的較低，仍然是以空方優勢爲主，隔一筆出現實體缺口，也是帶有下影線，投資人可以嘗試測量此根棒線，因爲收高在當筆0.5倍幅上，所以對多頭稍微有利。

接著再出現編號B類似槌子的線型，亦與前一筆留有實體缺口。當股價進行到編號B時，大概會引起投資人想要作多的慾望，因爲出現連續的三筆帶有長下影線的棒線，又呈現可能是「晨星」的K線型態組合，但是不要忘記細查多空力道消長，避免因爲輕忽而導致操作的損失。

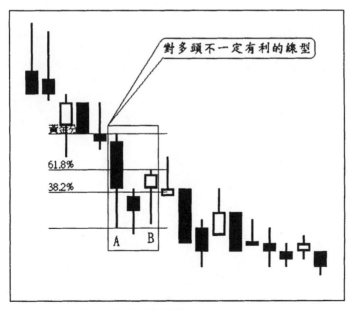

圖3-36 對多頭不一定有利的型態

　　測量的結果發現編號B的收盤並沒有站上編號A棒線高低幅度的0.618倍以上，顯然多頭力道尚且不足，空方力道尚存，因此只能研判對多頭不一定有利，如果再破壞型態產生下跌走勢，這裡就是「下跌中繼站」了。

　　在編號B的隔一筆多頭仍嘗試衝過編號A棒線高低幅度的0.618倍位置，但是失敗，再隔一筆就以長黑跌破型態低點，持續進行下跌的走勢。

第
二
篇

10478.99

10241.02

# 第 **4** 章
# 技術指標的研究與運用

在本章中，不能免俗的要先談一點投資人耳熟能詳的技術分析概念。這些概念個人嘗試以不同於一般坊間著作的寫法，希望從介紹的過程中，提供各位投資朋友另一種不同角度的視野，並期待在本章，能讓大家在有關技術分析實戰的技巧領域，有更上一層的新體會。

本章共摘錄了三種技術分析的技巧，分別是：成交量、強弱指標RSI與趨勢線的畫法，如果這些主控盤操作的入門基本技巧可以建立，在未來的實戰，或是想更深入鑽研技術分析，都可以提供鞏固、良好的基石。

## 成交量的趨勢研判

股市有關價量的名言相當多，比如：「量先價行」、「新低量之後會有新低價」等等，在這裡不討論這樣的技巧與如何分辨這些名詞真偽，只研究一個已經發生的事實現象，並且嘗試如何分辨它。

首先，筆者將本書會運用到的模式作簡單說明，並採用成交量的5日簡單移動平均(5MV)，以及21日簡單移動平均(21MV)作爲觀察，其計算式是：

$$5MV = \frac{V0 + V1 + V2 + V3 + V4}{5}$$

V0是指今日的成交量，V1是昨天的成交量，V2是前天的成交量...以此類推，所以想要求5日移動平均量(5MV)就將5日加總的成交量除以5，想要求21日移動平均量(21MV)就將21日加總的成交量除以21。

在移動平均量(簡稱均量，符號以MV表示)中有兩個關於趨勢研判的重點，其名詞如下：一、量能退潮。二、波段起漲。這裡必須向各位提出聲明，這方面的觀念只是一個提綱契領，並非買賣進出的研判方法，而只是觀察股價波動的眾多法門之一。

## 量能退潮

所謂量能退潮的定義爲：當5MV出現高峰後向下產生負反轉，並且使5MV與21MV兩條指標線產生「死亡交叉」[※]時，稱爲量能退潮，簡單的說，量能退潮暗示的表面意義是漲勢已經暫時結束。請搭配《圖4-1》對照說明，在圖中標示B、D、F之處即爲死亡交叉。

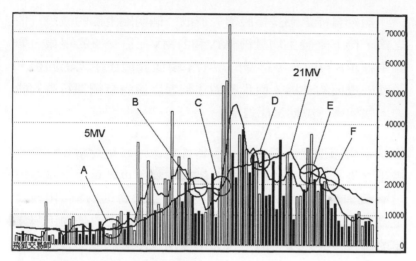

圖4-1 量能退潮與波段起漲對照圖

　　當發生均量線呈現「死亡交叉」時，宜先定義有量能退潮的「疑慮」，並不代表是真的已經漲勢結束，股價將進入空頭即將要反轉向下，還需要以後續走勢加以確認。因為股價未來仍有可能繼續挺升，這樣的量能退潮現象，稱為股價進入所謂的「回檔整理」格局。

　　為了分辨漲勢結束與回檔整理的異同，我將量能退潮概略分成：「短期量能退潮」(圖中標示B之處)與「中期量能退潮」(圖中標示D、F之處)。

---

※：當短期指標線(速度較快)在長期指標線(速度較慢)之上時，短期指標線由上方向下穿越長期指標線時，稱為死亡交叉。反之，當短期指標線(速度較快)在長期指標線(速度較慢)之下時，短期指標線由下方向上穿越長期指標線時，稱為黃金交叉。

　　短期量能退潮是指股價先形成一個明顯上漲的波段行情
之後，接下來發生均量線5MV和21MV死亡交叉的現象，如
圖中標示B的地方，這樣的現象不會使股價產生大幅回檔，
並跌破重要的支撐，而且股價在整理之後尚有續創新高的能
力，就稱爲「短期量能退潮」。

　　通常短期量能退潮有一個特殊現象，就是說當死亡交叉
產生之後，成交量的柱狀體會迅速下降，也就是成交量會出
現明顯萎縮。雖然成交量發生萎縮，卻不會使21MV由原本
上升現象，產生明顯轉向，使21MV趨勢轉變成是向下。當
量能出現窒息之後，隨即又開始放量攻擊，展開另一段波段
行情。

　　短期量能退潮的另外一種現象是5MV和21MV出現死亡
交叉，成交量也萎縮，但是股價卻維持一個高檔的區間震盪
整理，通常只要不破壞多頭上漲趨勢的結構，這裡的整理通
常稱爲回檔的「中段整理」，整理結束股價還是會持續上
攻。

　　至於中期量能退潮，個人的定義是在發生短期量能退潮
之後，多頭的股價結構被回檔的力道給破壞了，此時5MV產
生的向上轉折，無法與21MV產生黃金交叉，或是產生黃金
交叉之後，股價沒有相對應的波段行情推升，如圖標示E之
處。其中最大的特色是21MV會呈現明顯下滑走勢，也就是
21MV會產生高點負反轉之後，均量線的趨勢大部分都是向
下的。趨勢向下可以用眼睛觀察，或是在股票軟體上用游標

移動，會發現21MV這一條指標線所標示的數值後面有一個
箭頭，如果大部分時間是向下，就符合此一條件。

　　量能退潮一旦發生，反彈逢高宜先退出觀望，等待下一
次的發動時間點再做切入動作。以上的研判法則適用於大部
分的股票與金融市場商品，但是對於一般較冷門的股票或是
股本極小易受人為操縱作線的股票，運用這樣的研判方法會
產生誤差，請投資朋友明辨。

## 波段起漲

　　在股價呈現多頭走勢時，只要關注是否出現量能退潮的
現象，並觀察這樣的現象是否會破壞多頭結構，而在出現量
能退潮疑慮之後，就必須轉換觀察的重點：從觀察是否出現
量能退潮的現象，轉換成注意是否出現波段起漲的訊號。

　　所謂波段起漲的定義為：當5MV出現低谷後均量線向
上產生正反轉，並且使5MV與21MV兩條均量線產生「黃金
交叉」時，稱為波段起漲。在《圖4-2》當中標示A、C、E之
處即為黃金交叉。但是並非呈現黃金交叉之處就是所謂波段
起漲點，仍須觀察一些重點。

　　首先，是兩條指標線呈現黃金交叉後，每日的量能是否
持續放大，使5MV出現角度較陡的上揚，而且21MV也隨著
產生正反轉向上，在此同時，股價應該是同步發生向上攻
擊的力道，並產生波段行情，有這樣的現象，「波段起漲」
才是真的起漲。因此不宜將兩條均量線的黃金交叉現象作為

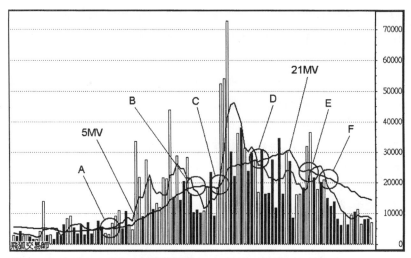

圖4-2　量能退潮與波段起漲對照圖

買賣點，因為現象有眞有假。

　　發生5MV和21MV黃金交叉這樣的指標現象時，宜先定義有波段起漲的可能，並以後續的走勢加以確認，因為股價仍有可能只是漲幾天就無力繼續上漲，隨即進入或是恢復原本的空頭趨勢。為了分辨漲勢開始與反彈整理之間的異同，我們將波段起漲概略分成：「短期波段起漲」與「中期波段起漲」。

　　短期波段起漲是指當股價處在於一個明顯下跌的波段行情之後，所發生5MV和21MV黃金交叉的現象，這樣的現象不會使股價產生大幅上漲，通常是反彈到相當幅度之後，遭逢股價前波下跌的壓力就漲不上去，並形成一個震盪格局。

此時的震盪會使成交量再度萎縮，在此同時宜先退出觀望，
避免股價因量能不足，造成股價回檔或是再破底，如圖中標
示E之處。

　　通常短期波段起漲有一個特殊現象，就是說當黃金交叉
產生之後，成交量的柱狀體會無法持續放大，也就是成交量
會出現明顯萎縮。成交量發生萎縮會使21MV無法從下降的
現象，產生明顯的由下轉成向上，使21MV趨勢轉變成明顯
的多頭走勢，頂多只是走平，或是微微向上而已。

　　短期波段起漲的另外一種現象是5MV和21MV出現黃金
交叉，成交量也隨之放大，但是股價的推升卻顯得力道不
足，屬於緩步推升，這種情形通常稱為反彈的「中段整理」
行情，整理結束仍會恢復原本的下跌趨勢。

　　至於中期波段起漲，個人的定義是發生5MV和21MV黃
金交叉之後，成交量溫和的放大，使得股價出現明顯推升行
情，此時5MV產生的向上轉折角度高、速度快，21MV也會
因為成交量溫和的放大，在產生黃金交叉之後漸漸揚升。如
圖中標示A和C之處。

　　中期波段起漲一旦發生，逢壓回就要考慮介入，操作策
略就不宜放空，就算出現短期量能退潮時也不宜放空，必須
等到中期量能退潮疑慮出現之後才考慮放空的動作。

## 量能研判的範例

在這裡先舉出幾檔例子做說明，請先看《圖4-3》。這個例子要表達的是股價在中段整理時，量能的變化與股價的觀察。

首先觀察圖中標示A的位置，依據實戰的觀察原則，股價在上漲時只要注意量能退潮現象，因此在A出現了5MV和

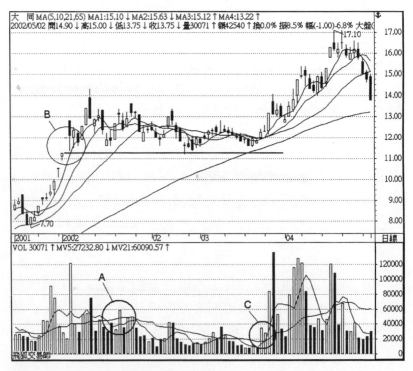

圖4-3　大同在2002年1月附近的走勢圖

21MV死亡交叉的指標現象，且股價進行回檔，隨即5MV出現正反轉向上，股價也隨之反彈。先前的定義已經提過，只要是均量線的死亡交叉就有量能退潮的疑慮，差別在於程度大小，是屬於短期退潮或是中期退潮的分別而已。

從圖形觀察，5MV的向上並沒有使均量線再度呈現黃金交叉，所以量能退潮的疑慮大，此時尚不宜過早下斷論，必須回到K線的關鍵點作觀察。從圖形中我們找到標示B的K線關鍵。

標示B這裡所呈現的K線現象，告訴我們這裡出現最後一個上升的跳空缺口，同時有一筆黑K吊人線沒有將缺口填滿，甚至出現連續的「母子」型態，所以這裡就可以畫一條水平頸線作爲支撐的觀察點。而隨著整理時間拉長，21MV均量線也出現明顯下降走勢，但是股價一直沒有對這條頸線出現正式跌破與殺盤的行爲，因此在有支撐的前提下，研判此段爲：「短期量能退潮」，並爲回檔的「中段整理」行情，股價有機會再次發動波段攻擊，所以應注意作多的切入時機點。

等到標示C的訊號出現時，股價的波動已經靠近季線支撐，加上高檔震盪整理的時間夠久，所以這裡均量線出現的黃金交叉，就有機會形成所謂波段起漲。我們可以很明顯的觀察到，這一個波段起漲是成功的，因爲5MV的上揚角度相當陡，21MV也隨著走揚，對應到股價也是上漲。

　　接著從《圖4-4》觀察，當出現在標示A之處的量能退潮訊號時，股價在相對高檔位置，隨後股價就進行回檔，且21MV也出現高峰轉折向下，形成明顯的退潮跡象，當然這是量的現象，我們仍然要回到K線上觀察這樣的退潮現象是否破壞多頭的股價結構。

　　我們可以從17.1元的高價往前找，找到了K線組合中的

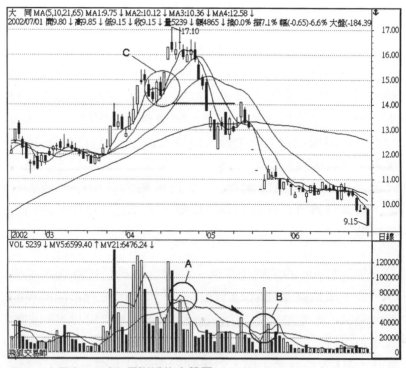

圖4-4　大同在2002年4月附近的走勢圖

「多頭戰車」，這裡為一個重要的關鍵支撐，如果量能退潮的現象不會使這裡的支撐出現破壞，那麼退潮就視為短期量能退潮而已，股價仍有創新高的能力，如果被破壞，就是真退潮，而且有機會是中期量能退潮了。

這裡必須要提醒的是，只要一出現量能退潮的疑慮，應該早早將持股出脫，處在觀望之中，不是等到確認了才將手中持股出脫。而在中期量能退潮之後，要關心的是何時才有波段起漲的訊號？是短期波段起漲還是中期波段起漲？

從《圖4-4》標示B的位置看來，兩條均量線呈現黃金交叉，但是21MV無法向上翻揚，因此只是短期波段起漲，為下跌段中的短線反彈行情。

請看《圖4-5》，這裡正好顯示出一個小波段的上漲與結束。在標示A的地方形成波段起漲的訊號，股價也隨著向上推升，成交量溫和放大，21MV也同步呈現緩步上揚的現象，接下來在標示B的地方出現短期量能退潮，成交量呈現迅速萎縮，股價只是壓回並在季線上就出現支撐，接著出現均線糾結股價短線發動訊號，此時在成交量方面即標示C之處也同步出現波段起漲訊號，因為成交量迅速放大，所以是一個急攻行情。

因為在短期量能退潮發生之後，要注意的是短線介入的買點，這裡正好出現「絕對買進訊號」，只要設好停損點，未破前持股抱牢，就有短線利潤。至於出場點請參考《主控

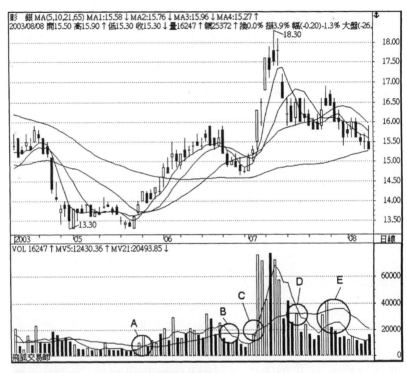

圖4-5 彰銀在2003年6月附近的走勢圖

戰略K線》一書，或是運用浪潮的計算與黃金比率的搭配，
自然就可以掌握最佳短線賣點。

標示D之處出現了暗示量能退潮的訊號，隨即在標示E
之處出現了5MV向上力道不足的現象，所以這裡就形成了中
期的量能退潮。

請看《圖4-6》。在標示A的地方出現波段起漲的訊號，

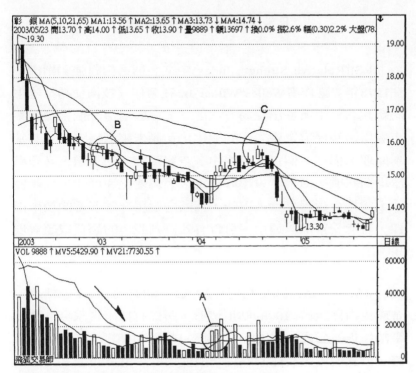

圖4-6 彰銀在2003年3月附近的走勢圖

往前看之前的21MV是出現迅速的下滑走勢，均量線黃金交叉之後量顯然不足，21MV只是走平而已，相對於股價雖然上漲，但是宜先定位「短期波段起漲」。而股價上漲到達季線反壓(標示C)與前波K線型態壓力(標示B)，股價隨即反轉向下並再次破底，正好符合短期波段起漲結束之後，會回歸到原趨勢的定義。

# RSI相對強弱指標

RSI(Relative Strength Index)中文名稱爲相對強弱指標，在1978年美國作者Welles Wilder Jr. 在著作《技術交易系統中的新觀念》中所提出交易方法之一。一般用這一個指標觀察市場供需關係與買賣力道的變化，預測未來價格變動。其基本原理架構在一個正常市場中多空買賣雙方的力道，必須處於均衡狀態，價格才會趨於穩定。因爲變化速度快，反應靈敏，頗符合短線投資人口味，爲國內應用非常普遍的技術指標，若能妥善加以運用，可以有效研判股市的超買或超賣現象。

RSI的原始公式是利用算數式計算的，股價在過熱時，會產生指標數值=100的貼頂情形，所以有技術專家另外發展平滑修正的公式(MEMA)，目前看見的RSI指標大多採用平滑修正公式。本書討論時採用一般使用的平滑修正公式，參數亦取通用參數，也就是取6日週期，目前據悉有分析人員採用改進的方法來計算RSI值，以需求值(即用每日最高、最低和收盤的平均值)來取代原本的收盤價。

## 修正平滑公式

UP = 今日上漲的點數

DN = 今日下跌的點數

6日UP之MEMA=(6日UP之MEMA前一日的值×5+UP) / 6

6日DN之MEMA=(6日DN之MEMA前一日的值×5+UP) / 6

6日RSI值=6日UP之MEMA/(6日UP之MEMA+6日DN之MEMA)×100%

## 應用的基本法則

RSI指標數值在0～100之間，使用上概略的分成極強、強、弱、極弱四大空間，如果使用14日週期的RSI(或用12日)，四大空間通常區分成100、70、50、30、0，如果使用6日的週期，四大空間通常區分成100、80、50、20、0，無論如何區分，重點在於50的數字是多空強弱的分界點，而四大空間在取值時宜對稱，比如說極強值用80，則極弱值就要用20，兩者相加必等於100。

正常而言，當股價上漲，使RSI指標處於80以上為相對高檔，常為短期頭部區；股價下跌，使RSI指標處於20以下為相對低檔，常為短期底部區。然在多頭趨勢相對明顯時，往往市場出現過熱，在多頭時指標已經出現超過80，股價卻仍持續創高；空頭趨勢相對明顯時，往往市場出現悲觀，在空頭時指標已經出現跌破20，股價卻仍持續破底。

因此研究技術分析者通常會有一句名言：「股價在高檔區時，指標一定也在高檔；指標進入高檔區，不代表股價在相對高檔。」一語道破使用技術指標的盲點，其實技術指標的運用會出現所謂盲點，肇因於沒有將股價波動的整體趨勢列入觀察，並輔以K線組合詳加研判，反而把技術指標的現

象擺在第一位，如此倒果為因，自然會出現所謂的分析「盲點」。

以下RSI的指標說明僅針對配合本書運用時所提出的一般使用法則，並沒有對指標運用的盲點做破解。

當強弱指標保持大於50以上時，暗示強勢市場；低於50暗示弱勢市場。

在力捷這一張圖（圖4-7）中，可以非常明顯發現，只要指標值在50以下，股價容易呈現相對的弱勢，當指標值彈升到50以上時，股價就出現相對的強勢。

所以在利用指標操作的過程中，可以定位成指標值在50以上時，只要出現回檔止穩的現象，就可以嘗試作多買進，這也是所謂的「逢低買進」。實戰上只要出現明確的止跌K線組合與多頭攻擊訊號，就可以進場。

**當6日RSI上升到達80時，暗示出現超買現象，應注意賣點；當6日RSI下降到達20時，暗示出現超賣現象，應注意買點。**

從國碩的這一張圖形中（圖4-8）可以發現，股價波動的浪潮高低轉折點，正巧與指標的超買(大於80)現象，與指標的超賣(小於20)現象相互吻合，亦即證明投資人只要在其指標的對應處出現可靠的K線組合訊號，就可以採取動作。

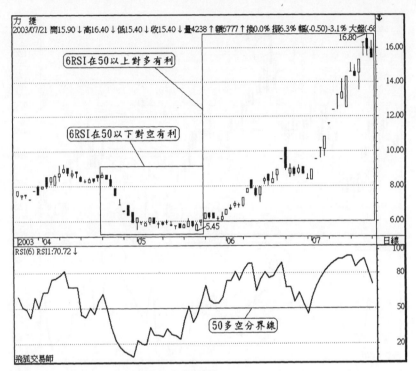

圖4-7　力捷在2003年6月附近的走勢圖

　　股票的操作上會出現虧損，除了不按照規矩之外，往往是忍耐度不夠與等待的時間不足導致，若能等到安全訊號出現再進場，其實股票是一種相當安全的投資商品。

　　當股價創新高，6日RSI沒有同步創新高時為「頂背離」，又稱為「牛市背離」。出現此現象暗示上漲力道趨緩，並非代表絕對反轉。常有出現二次頂背離之後，股價才回檔的情形。

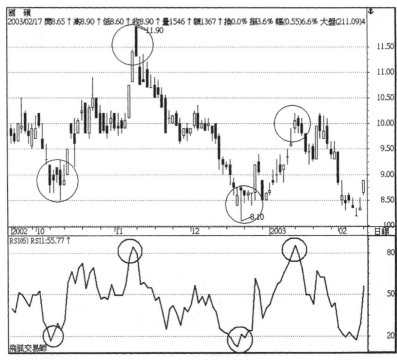

圖4-8　國碩在2002年10月~2003年2月附近走勢圖

　　當股價創新低，6日RSI沒有同步創新低時為「底背離」，又稱為「熊式背離」。出現此現象暗示下跌力道趨緩，並非代表絕對反轉，常有出現二次底背離之後股價才反彈的情形。

　　股價上漲時，其對應6日RSI指標的現象只看高點，高點越來越高為多頭優勢；股價下跌時，其對應6日RSI指標的現象只看低點，低點越來越低為空頭優勢。

圖4-9　台泥在2003年5月附近的走勢圖

　　可以在6日RSI的曲線上畫出壓力、支撐與水平頸線，並可以將K線上出現的頭肩底、頭肩頂、三角型等道氏型態歸納於指標線中輔助研判。

## 陰陽線與趨勢線

　　趨勢有許多決定的方法，而趨勢線是最根本的技術分析工具。筆者將可以在股價的波動中，觀察趨勢的變化所用的

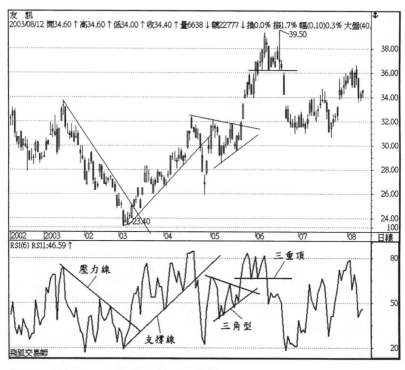

圖4-10　彰銀在2003年4月附近的走勢圖

的所有畫線的方法，統稱為：「切線學」，內容包括：趨勢
線、軌道線、角度線、百分比線、X線、弧形線、螺線、費
氏圓弧、同心圓弧、音叉線、柵形線、速阻線、甘氏網格、
線性軌道、三角解消點等等，靈活的運用法則也有所謂「三
線合一」、「幅度測量」、「比例計算」等諸多原則。

　　這麼多的方法中，建議讀者只要採用最簡單的上升、下
降趨勢線與水平頸線就足夠了，其他部分大多牽涉到時間與

價位的相對比例關係，容易出現爭議與研判方法的疑義，在眾多看法尚未一致時，除非是想研究學問，否則以實戰的角度而言，如何有效又方便的幫助我們研判，進而在股票市場中獲利，應該是放在第一位考量。

在畫線時，往往出現一些困擾，到底應該是用「算術圖」、「對數圖」還是「半對數圖」？根據美國技術分析者利用大型電腦對過去美股資料分析統計，結論是在「半對數圖」上呈現的趨勢線條效果最好，所以只要牽涉到角度的線條，採用「半對數圖」可以提供較佳的買賣訊號，但是現在電腦所提供的圖形，只有對數圖，無法提供「半對數圖」，所以一般仍是採用「算術圖」作為畫線標準，但是這樣的標準宜建立在簡單的線條之上。

而其他使用需要較多技巧的畫線模式，例如：X線、解消點、角度線之類，宜續採用「半對數圖」為宜，而甘氏角度線因為牽涉到每一日價格的定位與時間比例，運用上更為不易，尤其是電腦秀出的圖形K線比例問題如果無法解決，運用時宜注意其有效性。

雖然趨勢線簡單易學，其實也包含許多竅門，若能運用得宜，再配合量價關係，指標結構及K線型態學，那麼準確率可達90%以上，雖然無法幫助我們買在最低及賣在最高點，但是卻可以在安全範圍內買賣股票，對於股價趨勢的改變也能夠提供明確的訊息。

# 上升趨勢線(Support Line)

通常上升趨勢線又稱為「支撐線」，為向右上方傾斜的切線，在趨勢線的上方屬於多頭的勢力範圍，在趨勢線的下方屬於空頭的勢力範圍。在取線時至少要取兩個正反轉的低點，而這些低點因為多頭走勢會隨著越墊越高，因此當股價波動屬於大漲小回的現象，低點會越來越高，若將這些低點連結，就形成了上升趨勢線。

當任何商品的K線圖形連續出現三個以上一底比一底高的現象時，就可認定處於上升趨勢，這一條上升趨勢線就具備了支撐的意義，趨勢要產生明顯的轉折前，首先就是要跌破上升趨勢線。

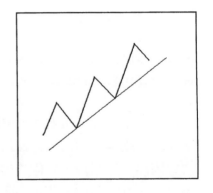

我們嘗試檢驗一張股票圖，觀察上升趨勢線的功用。請看《圖4-11》有關英業達這一檔股票的變化。當跌到一個低點(標示1)之後，短期股價趨勢上漲，當回到標示2的低點附近，當時需求的力量大於供給的力量，因此造成股價再度拉高、創高的情形，此時就可以連接1、2的低點，形成一條上升的趨勢線作為支撐觀察。

當股價持續創高之後，供給的力量大於需求的力量，使股價回跌並在到達趨勢線的位置出現陰子母的K線組合，如

圖4-11　英業達在2003年4月附近的走勢圖

圖中標示5。如果這裡會跌破趨勢線，應該在陰子母之後續創新低，不應出現止跌的跡象，並使股價再度上漲，因此在標示3之處可稱為支撐有效。

而在創23.9元的新高之後，股價形成「鑷底」的組合型態，隨後利用長黑跌破上升趨勢線(如圖在標示4的地方)。被跌破之後，這一條上升趨勢線就可以取消，當然有人會將它保留，作為未來的壓力觀察，這樣做無可厚非，只是在使用

時必須注意到這一條線的角度與時間、距離的槓桿作用。筆者建議仍回歸到K線上的觀察，其有效程度在實戰操作上相當令人滿意。

# 下降趨勢線 (Resistence Line)

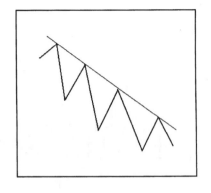

　　通常下降趨勢線又稱為「壓力線」，為向右下方傾斜的切線，在趨勢線的上方屬於多頭的勢力範圍，在趨勢線的下方屬於空頭的勢力範圍。在取線時至少要取兩個負反轉的高點，而這些高點因為空頭走勢會隨著越降越低，因此當股價波動屬於大跌小彈的現象，高點會愈來愈低，若將這些低點連結，就形成下降趨勢線。

　　當任何商品的K線圖形連續出現三個以上，一頂比一頂低的現象時，就可認定處於下降趨勢，這一條下降趨勢線就具備了壓力的意義，趨勢要產生明顯轉折前，首先就是要突破下降趨勢線。

　　請看《圖4-12》有關華邦電這一檔股票的變化。當該股反彈到15.2元也就是圖中標示1的地方之後，股價再度下跌，跌到12.7元隨即出現反彈，此時我們先將股價波動定位在盤跌走勢。當反彈到標示2的地方，K線組合形成「陰母子」，

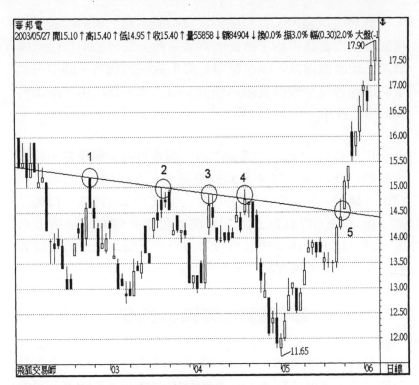

圖4-12　華邦在2003年3月附近的走勢圖

在盤跌走勢反彈到臨近前高點附近，這樣的K線型態組合必
須提防形成反轉型態。

　　當股價因爲型態跌破而反轉向下時，就可以連接1、2的
高點，形成一條下降的趨勢線作爲壓力觀察。在空頭走勢若
需求的力量小於供給的力量，很容易形成反彈無力再下跌的
情形。

　　我們可以發現，當股價每次反彈衝到壓力線的位置，自然就會出現籌碼供給，然後因為需求的力量無法消化供給的籌碼，使股價回跌，並保持原始股價波動的趨勢。圖中可以很明顯的看見當股價反彈到標示3、4之處，都出現下降趨勢線的壓力作用。

　　而在創11.65元的新低價之後，適逢台股強勁反彈，股價也順勢一路拉高，形成多頭攻堅氣勢，並於標示5的地方，利用「蠟燭」線與向上跳空的方式突破下降趨勢線，自此股價一路攻擊，直到創21.9元高點才見趨勢轉弱。被突破之後，這一條下降趨勢線就可以考慮保留，當作未來的支撐觀察，保留的原因後續的章節會加以敘述。

## 趨勢線的突破與跌破

　　如何研判趨勢線的突破與跌破？讀者應該可以常常看見這種論述：當價位跌破上升趨勢線3%以上時，表示上升趨勢將停止。當價位突破下降趨勢線3%以上時，表示下降趨勢將停止。

　　聽起來好像對極了，事實上是如此嗎？如果運用這樣的原則研判，常常會發現，突破下降壓力線超過3%以上的幅度，甚至整根棒線都站上去了，卻仍然下跌，回歸到原始的下跌趨勢，如果在突破當日正巧買進，往往不幸買在最高點，慘遭套牢。

　　相反的，突破下降壓力線不到3％，甚至只超出一個跳動的檔位而已，卻因為礙於突破的幅度不夠多而不敢進場，後續的股價行為卻是一飛衝天！因此當我們學習技術分析的過程中，遇到這些似是而非的觀念與技巧時，如何分辨與運用？

　　總而言之，重點仍在K線。首先應辨識突破的行為，再考慮前波壓力位置，最後的重點在於突破之後的行為，是出現軋空？或是出現壓回？壓回的模式又是什麼？會說話的K線自然會告訴大家：目前股價將朝哪一個方向前進？

　　這裡用走勢圖說明如何分辨真突破或是假突破、真跌破或是假跌破。

　　《圖4-13》是以智邦為例，當它突破下降趨勢線時，是利用中長紅穿越，而且收最高，這裡氣勢不但夠強，收盤也大於下降趨勢線3％以上。當然，收盤價站上與否是一個重要的觀察關鍵。

　　至於是否為「真突破」，除了當筆K線的表現外，筆者特別重視後續走勢行為。後續走勢中，可以概略的分為：(1)強勢軋空。(2)軋空。(3)弱勢軋空。(4)軋空失敗。只要是呈現軋空失敗的行為，就必須懷疑這是一個假突破，後市不宜過度樂觀。

　　從智邦的走勢圖中發現，突破之後所出現的K線型態是

圖4-13　智邦在2003年5月附近的走勢圖

帶有長上影線的「避雷針」，接著就跌破避雷針的K線範圍，
並出現連續的鑷底組合，形成一個短期頭部，接著跌破短期
頭部頸線，就有破壞突破下降趨勢線的氣勢結構了。

　　接著觀察《圖4-14》宏碁的例子，突破的地方因為圖形
太小，因此另外作一個放大圖以利讀者觀察。當它突破時，
雖然帶有缺口，卻是一個黑K，隔一筆收高形成對多頭有利
的「鑷頂」組合，觀察的重點就在當筆棒線低點，沒有跌破

缺口，視爲防守成功。

接著出現一筆類似吊高線的線型時，通常認爲是假突破，因爲上影線那麼長、實體那麼短！可是這一筆的出現在K線實戰中，卻暗示有機會進行軋空，因此股價後續在低點不創低的情形下，出現連續的「母子」型態，就是沒有跌破吊高線的低點，後來果然出現軋空行情，一路拉高漲到57元才進行除權。

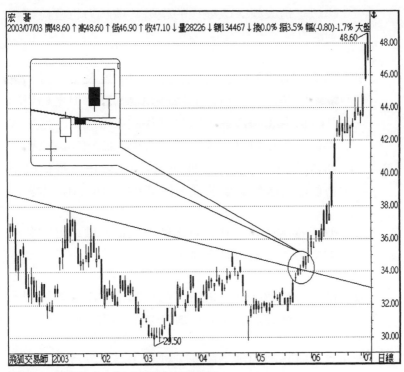

圖4-14　宏碁在2003年6月附近的走勢圖

# 研判方法

這裡列舉、歸納了一些趨勢線常用的研判法則，提供給各位讀者參考：

一、趨勢線切過的轉折點數越多，其支撐力道或是抵抗壓力越有其可靠度。

二、長期的趨勢線若是被突破(或跌破)，則代表原先的趨勢正被改變，改變後的趨勢其續航力也會持續相對的久。

三、通常趨勢線的有效角度公認約爲45度左右，雖然越陡峭的角度代表目前的趨勢相當強烈，但是相對的其抵抗力也較薄弱，容易被跌破或是突破，但是發生這種現象只是短期，不代表原先的趨勢被改變，通常我們把它視爲一種「修正」，修正完畢後股價會依原有趨勢繼續前進，但是其軌道會有所改變。

四、型態若是完成，其原有趨勢線又遭跌破或是突破，則趨勢的改變幾成定局。

五、當上升趨勢線被跌破時，就是第一次出貨的訊號。在沒有跌破之前，上升趨勢線爲回檔的支撐。

六、當下降趨勢線被突破時，就是第一次進貨的訊號。

在沒有突破之前，下降趨勢線爲反彈的壓力。

七、爲避免短期的趨勢干擾太多，選股時可考慮以週線
　　觀察。

八、眞假突破的研判：爲空轉多的技巧，通常眞突破
　　時，會伴隨較大成交量，或是以跳空方式直接站上
　　趨勢線，若有回檔測試時，不得跌破、突破那根K
　　線的低點，否則視爲假突破，或是未站穩趨勢線上
　　又跌破，則原先趨勢並沒有改變。

九、眞假跌破的研判：爲多轉空的技巧，通常眞跌破時
　　不必伴隨較大的成交量，或是以跳空方式直接跌破
　　趨勢線，若有反彈測試時，不得漲過跌破時那根K
　　線的高點，否則視爲假跌破，或是跌破趨勢線後又
　　立刻站上原趨勢線，則原先趨勢並沒有改變。

# 支撐與壓力的交換律

　　支撐與壓力決定於幾個基本的因素：(1)碰撞的次數。
(2)碰撞時的成交量。(3)有效的時間周期長短。(4)突破與跌
破的方式。

　　因爲支撐不會永遠是支撐，壓力不會永遠是壓力，總有
被突破或是跌破的一天。當突破壓力時，原本的壓力線會變
成支撐；當跌破支撐時，原本的支撐線會變成壓力。

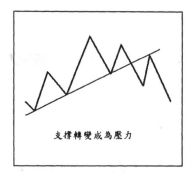

支撐轉變成為壓力

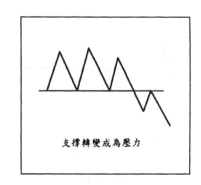

支撐轉變成為壓力

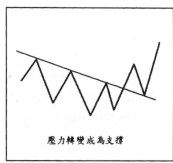

壓力轉變成為支撐

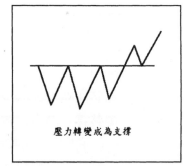

壓力轉變成為支撐

　　這裡建議使用這一項規則時，盡量使用水平的趨勢線，如果有傾斜角度，盡量不要超過上下30度，以避免因為K線圖比例的關係，使得研判出現誤差。

　　從《圖4-15》精英這檔股票的走勢圖中可以發現，當股價創242元的高點之後，股價即壓回而且跌破「末升段」的低點，造成股價趨勢結構的破壞，此時逢反彈宜先出脫持股，待股價回跌之後，型態越見明朗，所以便可以連接標示1、2的低點，形成一條水平頸線，作為支撐力道的觀察。

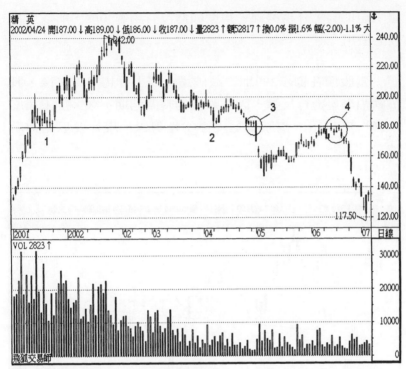

圖4-15　精英在2002年4月當時的走勢圖

　　後續股價在標示3之處，以長黑慣破水平頸線，因此頸線上形成頭部區，這一條水平頸線因爲被跌破所以從支撐轉換成壓力。後來股價進行反彈，彈到頸線附近不斷出現實體較小的星形，終於在標示4的地方完成「夜星」的K線型態，使股價急速下挫。

　　接著繼續以《圖4-16》精英這一檔股票在2002年8月時作爲例子說明。在反彈的過程中，可以找到標示1、2的低點

畫上短期的上升趨勢線，角度顯然沒有超過30度，所以可以安心使用。

當股價在標示3的地方跌破這一條上升趨勢線之後，股價跌幅滿足進行反彈，因為跌破的時間週期不久，加上角度平緩，所以這一條原本是支撐的趨勢線，現在要以壓力看待。

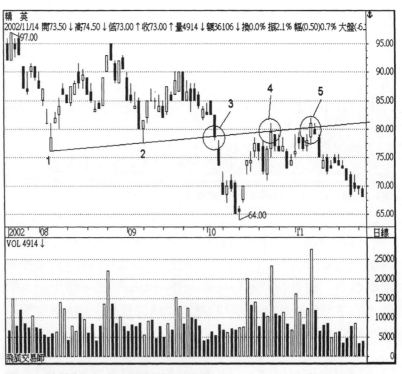

圖4-16　精英在2002年8月當時的走勢圖

　　當股價反彈到標示4的地方，出現了空頭抵抗只有上影線穿越壓力線，並形成「陰母子」的K線型態組合，因為在相對高檔與壓力線的壓制下，所以視為反轉訊號，標示5的地方同理可證，只是標示5這裡若破線後形成反轉必然會殺得較深，原因在於帶量突破趨勢線，使得此處有人看好搶進，結果是被主力出貨形成套牢，當形成反轉時自然會造成殺盤了。

　　另外一個是對稱的觀念。這一條趨勢線如果以標示3的地方作為一個支點，在標示3的左邊是已經確定發生的歷史圖形，有兩個點是碰觸到趨勢線的(即標示1、2)，所以暗示在標示3的右邊，應該有機會對稱到兩個點，所以當出現標示4、5的對稱點之後，又逢變盤的K線型態，自然要對手中多單提高警覺。

　　以上提到的是「點」的對應，如果再將時間和成交量對應考慮進去，就會比較複雜，但是經由這樣的動作卻可以推測到低檔滿足點的位置。

　　另外水平頸線也可以在連續下跌過程中，找到正反轉的最低點來畫。請看《圖4-17》，首先在下跌時，找到一個正反轉低點畫出一條水平頸線，也就是標示1的地方，跌破後水平頸線的支撐變成壓力，當股價反彈到標示3的地方正好撞到壓力線，又形成「夜星」的反轉型態，就要提防股價進行回跌。

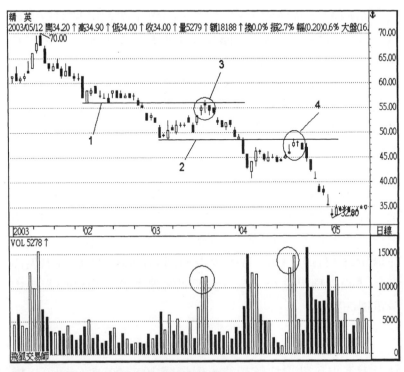

圖4-17 精英在2003年2月當時的走勢圖

　　同理，從標示3的地方開始回跌後，再畫出一條水平頸線如標示2所示，結果被跌破了，這一條原本期望是支撐的頸線也藉變成了壓力。雖然隨後股價反彈撞到第2條水平頸線，呈現「陰母子」的型態(標示4之處)，而後續的走勢就證明了頸線壓力、與K線型態反轉訊號了。

　　請看《圖4-18》致伸這一檔股票的圖，當股價創21元的高點形成回檔之後，利用21元之前的起漲低點和回檔後的低

點連接形成一條略爲傾斜的上升趨勢線，當碰觸到標示1的
位置時，形成「陽母子」，此處因爲尙有支撐又處於相對低
檔，所以看成是低檔反轉型態的機率較高。

　　到標示2之處又再支撐一次，並有「晨星」的樣子，只
是不標準，需要多頭表態才能確認是低檔反轉，後來長黑粉
碎多頭美夢，也使得支撐線轉換成壓力線。

圖4-18　致伸在2002年12月附近的走勢圖

　　接下來股價跌到13.65元之後開始反彈，彈到標示3的位置時，正好撞到壓力線，浪潮幅度也正好滿足，雖然有一根長白線站上趨勢線，但這一根長白線是屬於「日落線」，沒有突破前一筆高點，接著再出現長黑，就確認反彈結束了。

　　請看《圖4-19》友訊這一檔股票。股價在上漲一段之後，進入三角型態的整理，故取下降趨勢線作為觀察，在標示1的地方先以帶量中紅棒突破下降趨勢線，隔一筆再暴量跳空以中長紅表態正式宣告展開軋空行情，同時也將壓力線轉換成支撐線。

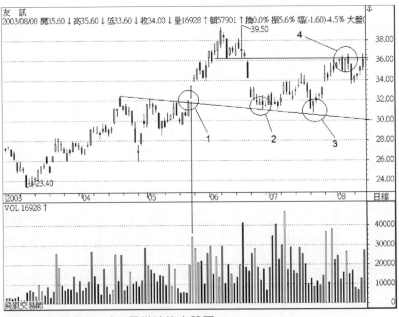

圖4-19 友訊在2003年5月當時的走勢圖

　　這一條支撐線在股價創高盤小頭下跌後，果然出現了支撐的效果，分別在標示2和3兩處，這裡分別出現「陰母子」、「槌子」的低檔支撐線型，我們發現，將趨勢線與K線搭配組合運用，顯然可以得到相當良好的成效。

　　從標示3開始反彈撞到頭部頸線壓力之後，股價就停滯不前，並在標示4之處出現「陰子母」的K線型態，所以理應逢高出脫持股。

　　《圖4-20》的台苯從見到10.2元之後開始在低檔進行所謂「三重底」的打底動作，型態完成與否的研判方法有許多種，最簡單的顯然就是突破水平頸線了。在標示1的地方以帶量中長紅，突破水平頸線與「鑷頂」型態組合，暗示有機會底部成立，且頸線壓力變成頸線支撐。

　　股價在滿足型態的力道之後，進行壓回，此時觀察壓回是否有效止跌的觀察點，就是原先的水平頸線。當股價漸漸回到頸線附近時，出現了「鑷底」的K線型態，這一個型態在低檔暗示跌勢漸緩，只要出現長白線攻擊，就是另外一個浪潮發動，從後來的走勢驗證，在頸線支撐之上出現的K線型態突破，往往會有波段或是軋空行情。

　　《圖4-21》台聚從6.6元開始上漲，形成兩個等高點後壓回再出現帶量跳空中長紅，突破等高點水平頸線與「陽母子」K線型態，此時宣告頸線支撐，故在標示2的壓回以「鑷底」型態獲得支撐，在標示3之處出現「蠟燭」線的支撐，股價

圖4-20 台苯在2001年10月當時的走勢圖

並盤堅持續上漲。

　　接著在高頓點之處畫出水平頸線，分別有標示4、5這裡的壓回低頓點，因為前波高頓點水平頸線被突破之後的支撐，標示4是「陽母子」的轉折型態，標示5是「鑷頂」的轉折型態，因此股價得以保持盤堅盤的上漲模式。

　　《圖4-22》大洋這一檔股票是屬於比較冷門股，受投資人青睞的程度比較不高，雖然如此，他的股價起伏仍然依循著「股價波動基本原理」在運動，因此技術面上的法則也可

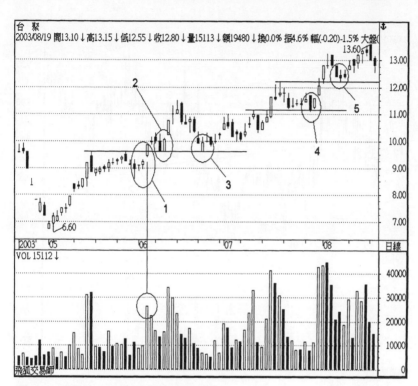

圖4-21　台聚在2003年6月附近的走勢圖

以運用在此檔股票的K線圖上面。

　　從標示1可觀察出長白線突破之後，小漲一段就開始震盪拉回，壓回到下降壓力線轉成的支撐線後，出現「槌子」的K線型態(即標示2)，股價隨即出現另一段的漲幅。

　　從上述舉的這麼多例子，我們可以發覺只要將K線與可靠的技術分析技巧搭配得宜，就能提高研判的準確度。

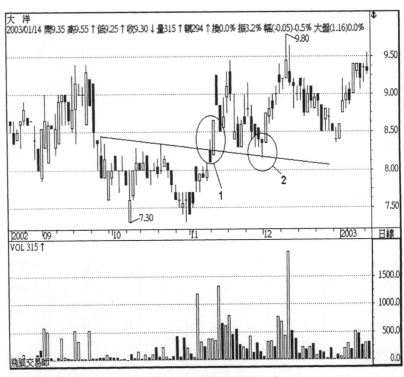

圖4-22　大洋在2002年11月附近的走勢圖

# 第 5 章
## 最新技術指標與K線整合

本章收錄了四個比較少見的技術分析指標，因爲這些指標是針對一些觀念自行設計或是改進，主要目的是要讓自己的想法呈現在K線圖上，幫助對K線的解讀，在介紹這些指標之前，仍有些想法要與投資朋友說明。

自定指標並非不可行，但畢竟只是一個方便法門，仍需對K線有一定程度瞭解，個人在完全沒有指標的情形下就能完整的詮釋與解讀股價波動，進而擬定操作策略執行買賣，現在爲了提供初學的朋友容易掌握關鍵位置與解讀K線，才有研發指標的念頭，請投資朋友不宜在指標上尋找所謂的「聖杯」，唯有徹底瞭解K線，才是眞正可以窺破股價波動奧秘的法門。

## 日週月輕鬆三價線

這一個指標是筆者在民國89年時研發，研判法則也是當時所寫，設計的原理相當簡單，當初只是想將週線與月線的移動平均線拉到日線做參考，但是我們知道，在這一週還沒

有結束之前，週線的所有K線與指標都仍然屬於「浮動值」，必須等到收週線後才塵埃落定，因此在取用週線或是月線的資料時，本月與本週的數字就不能拿來參考，這是第一個重要觀念。

接著思考到：當股價趨勢爲多頭時，會有長線保護中線，中線保護短線的慣性作用，所以當我們將中長期的指標拿來作爲日線參考時，此時中長期的指標具有支撐作用；反之，當股價趨勢爲空頭時，短線從空頭轉成多頭，一定容易遭遇中線指標的壓力與長線指標的壓力。這是第二個重要觀念。

爲了將這樣的觀念融合在一起，也爲了方便研判，所以就將短、中、長期的指標綜合起來，溶於一個指標當中，因其線條簡單，方便研讀，故名「輕鬆」。

依照這樣的構思，就有「日D線」、「週W線」、「月M線」的設計，這一個指標亦曾在筆者架構的網站公開發表過，但是那時這三條線的名稱並非如此，請投資人明鑑。

其中「日D線」以日資料爲計算基礎，算出日線的進出參考價。同理「週W線」以週資料爲計算的基礎，算出日線的進出參考價，「月M線」以月資料爲計算基礎，算出日線的進出參考價。而「日D線」可以用不同曲線觀察，一般可以採用3MA或是其他自行設計的曲線等等。

　　而「週W線」、「月M線」就成為日線中進出的支撐壓力參考，除此之外，也可以觀察中長期的趨勢走向，故此指標為短、中、長期的綜合指標。其計算公式如下：

**週W線=(前週收盤+前前週收盤+前前前週收盤)/3**

**月M線=(前月收盤+前前月收盤+前前前月收盤)/3**

　　筆者使用的日D線計算公式略做保留，使用者可以改用其他均線操作，例如：3MA。而在使用時，日D線宜利用軟體功能將數據向右偏移一天，也就是說今日收盤後計算出來的數據應該移到明日作為進出參考價，而今日的進出參考價是昨日計算的結果，這樣的設計才符合邏輯，因此在後續說明的走勢圖中，各位投資朋友在圖形上方會看見股票名稱和指標名稱，其中有「明日參考」這一個數據，就是明日進出的參考依據，而圖形中「日D線」的數據，是昨日計算出來的，當作今日參考用的數據。請特別注意，這一個指標只有日D線偏移，週W線和月M線並沒有這樣設計的必要。

## 操作研判與說明

　　本指標共三條線，分別為「日D線」、「週W線」、「月M線」。適用於日線，提供短、中、長期三種方向之研判。使用時可以將電腦畫面切成兩格，一個放本指標，一個放移動平均線來幫助研判。

　　其中「日D線」提供短線進出參考，「週W線」提供中

線進出參考，並具有支撐壓力功能，「月M線」提供趨勢方向之研判，並具有支撐壓力功能之提示。基本的研判法則如下所述：

## 一、使用「日D線」的時機及注意事項

1.站上「日D線」為買點，跌破「日D線」為賣點，明日交易參考價參考自動顯示在指標列。

2.當股價在「週W線」之下時，為中期空頭走勢，任何利用「日D線」買進動作都視為搶反彈，買進後出脫股票方法有：(a)跌破「日D線」則賣出。(b)上漲遇到「週W線」為壓力不過則出脫，不必等跌破「日D線」。反之，作空者可擇機放空。

3.當股價在「週W線」之上時，為中期多頭走勢，若利用「日D線」買進者，待跌破再出脫。

## 二、使用「週W線」的時機及注意事項

1.當「週W線」呈現階梯式上漲時，代表股價趨勢向上中，作多較有利，反之亦然。

2.當股價在「週W線」上方，「週W線」為支撐。

3.當股價在「週W線」下方，「週W線」為壓力。

4. 若股價觀察移動平均線是由「均線三合一」起漲，則作多採中線操作，待股價跌破「週W線」才出脫，如此可賺足一大波段。

5. 若股價觀察移動平均線是由「均線三合一」起跌，則放空採中線操作，待股價站上「週W線」才回補，如此可賺足一大波段。

6. 「週W線」若是忽上忽下，代表中期趨勢處於盤整，以高出低進為買賣方針。

### 三、使用「月M線」的時機及注意事項

1. 「月M線」持續上升，代表長線看多，若變成下降，為長線走空之前兆。

2. 「月M線」持續下降，代表長線看空，若變成上升，為長線走多之前兆。

3. 買賣進出時不以此線作為參考價位，但仍具有支撐壓力之功能。

4. 在多頭時，股價跌破「月M線」，若在下個月無法反彈觸及「月M線」，心態宜轉趨於保守，要有多轉空的心理準備。

5. 在空頭時，股價突破「月M線」，若在下個月無法回檔

跌破「月M線」，心態宜轉趨於樂觀，要有空轉多的心理期待。

## 四、綜合研判法則

1. 當代表中長期之「週W線」及「月M線」忽上忽下交錯，爲震盪盤整時期，以「日D線」作爲短線進出的參考。

2. 當股價同時突破「日D線」、「週W線」、「月M線」三條指標線，爲強烈多頭趨勢，應積極作多。惟應注意使用此法則時，仍應配合均線及成交量。

3. 當股價同時跌破「日D線」、「週W線」、「月M線」三條指標線，爲強烈空頭趨勢，應積極作空。惟應注意使用此法則時，仍應配合均線及成交量。

4. 上一個「週W線」、「月M線」的階梯也是短線操作的支撐壓力參考點。

## 實例說明

　　請看《圖5-1》，光寶在見到30.8元的低點之後，彈升再壓回形成第二支腳，彈升的過程中，因爲「週w線」尚在持續下降當中，所以撞到「週w線」容易產生壓力，導致再拉回測試支撐。

　　拉回時應注意股價是否持續破底，在還沒有破底之前，宜先將股價定位在盤底過程。投資人可以尋機進場買進，或是等待底部完成再進場。

　　此時發現「週w線」逐漸向股價靠攏，暗示未來容易被突破，突破週線代表中線轉強，所以在編號A這個位置出現一根長白線，同時突破「日D線」與「週w線」，也就是在這一筆棒線宣告同時突破短期、中期的趨勢，因此可以嘗試作

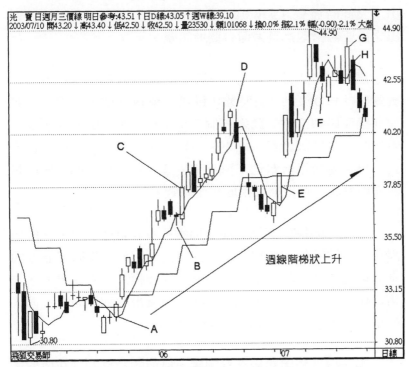

圖5-1　光寶在2003年6月附近的走勢圖

多買進，因為此時「週w線」還在下降當中，所以買進之後除了當筆低點必須嚴設停損之外，未來股價產生向上挺升，必須採用「日D線」作為進出參考依據，當股價跌破「日D線」之後需先行獲利出場。

請繼續看《圖5-1》。股價在編號A買進之後很幸運的持續上漲，就可以利用每日收盤後計算出的「日D線」參考價作為明日進出參考依據，只要收盤跌破就必須出場，所以在圖中編號B的位置就出現跌破「日D線」，以當筆應該先行退出，又此時發覺「週w線」已經呈現上揚走勢，所以持股賣出之後要繼續觀察是否還有買進訊號。

這裡投資人通常會有一個疑問：怎麼知道當天收盤會不會跌破「日D線」？有時盤中跌破，盤後又站上去了，應該如何操作研判？曾經聽過一個笑話：有人說很簡單啊，盤中看盤時如果跌破就賣，站上去再買回來。我猜想這樣不但累死，恐怕連營業員幫忙下單都來不及，唯一受惠的大概就是政府與券商，可以增加稅收和手續費。

實際上的操作不至於那麼拙劣，會有這種困惑最大的原因在於短線看盤技巧根本沒有弄清楚，對於「即時盤態」的走勢更是一知半解，這裡提供三種操作模式讓大家參考，不論是哪一種都相當安全，差異在於所獲得的利潤略有不同，但是差別並不大，不至於侵蝕利潤。

**第一招是利用盤後交易制度**。目前的交易制度在收盤後

仍然可以利用收盤價進行交易，它的缺點是交易量會比較少，所以理想的價位不一定會成交。

**第二招是隔一天再動作**。比如說今日跌破「日D線」了，而根據股價動慣性，破線的隔一天會再做反彈的動作，有時候這樣的反彈還會比今日收盤價高許多，所以乾脆等到明天再做賣出的動作，這一個方法尤其適合上班族，下班後看見破線，隔天找個機會掛單將股票賣掉，就這樣不疾不徐，悠悠哉哉。

**第三招就是要練習盤中看盤技巧**。這一個方式比較適合專業投資人(每天可以看盤的朋友)，而這一個技巧其實仍是源自於K線，只不過是進階的變化罷了，這部分有機會再專書論述。

接著繼續看《圖5-1》。在編號B這裡將股價賣出之後，因為「週W線」已經轉成階梯狀上升，所以要注意短線買進訊號，結果在編號B的隔一筆也就是編號C的地方出現了長白線站上「日D線」，因此再度買進。

這裡是天人交戰之處，怎麼說呢？明明才剛剛賣掉，現在立刻要將它買回來，而且買回來的價格比賣掉的價格還要高，實在是下不了手。這就是心理障礙！投資人往往因為這樣的心理掙扎，礙於對價格認知的恐懼，結果就放棄買進，假如後續上漲就怨天怨地，萬一下跌就慶幸不已。

這一種心態如果一日不克服，很容易在股市中患得患

失，想要獲利也不容易，蓋因容易迷失方向，其實要破除這樣的迷障非常容易，只要心中想：我之前已經賺錢了，現在買進如果不幸停損，只不過是少賺一點，像一些諸如此類的理由說服自己，久而久之就會變成一種機械化的動作。

後續光寶這一檔股票，在編號C買進之後，編號D為賣出點，而編號E、G分別是另一次買點，編號F、H是另一次賣點，請大家自行思考揣摩其中邏輯，在編號G買進之後，隨後編號H立刻出現賣出訊號，這一筆會讓投資人蒙受一點損失，此時也應該注意一些警訊。

在圖中出現的買進訊號，買進之後姑且不論讓投資人獲利多少，但在買進訊號之後股價會持續創新高，只有編號G買進之後，股價不創新高，反而立刻跌破「日D線」，這種股價的行為暗示股價未來將進入整理的走勢，其結果不是盤出頭部，就是將戰線拉長，進行所謂的中段整理。

所以此時就要特別注意「週W線」和「月M線」這兩條線的支撐力道，與這兩條線是否產生由上升的階梯轉成下降的階梯走勢。

請看《圖5-2》光寶在2002年12月附近的走勢。圖中可以明白的看見「月M線」屬於下降的階梯狀，所以代表長期趨勢看空，而「月M線」為壓力的觀察點。另外「週W線」有上升也有下降，但是在「月M線」下降當中，「週W線」在股價底下為支撐，反之則成為壓力，因此利用「日D線」

進場者，一律視爲搶短，逢壓就可以退出，不一定等到破「日D線」。

　　當光寶創下53.5元高價後，回檔時，在標示D的地方同時跌破「日D線」、「週W線」和「月M線」，這是一個嚴重的警訊，因爲被同時攢破三條指標線的訊號是暗示反彈即將進入結束點，而在編號A這裡又再度突破三條指標線雖然出現一絲契機，但是沒有讓股價再創新高則無用。

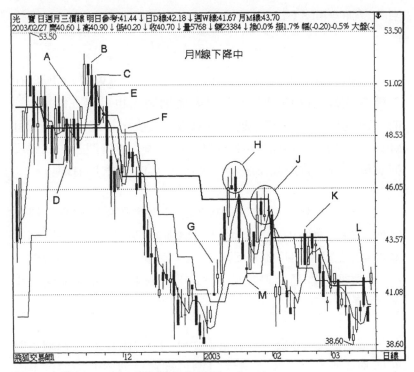

圖5-2　光寶在2002年12月附近的走勢圖

因此當編號B出現「鑷底」的K線型態組合後，隔一筆先跌破型態組合，在編號C的地方再一次出現同時跌破三條指標線的現象，至此，正式宣告多頭反彈結束，短期頭部成立。

編號E是再度跌破的訊號，暗示要從這裡開始殺盤，也暗示「週W線」與「月M線」成為壓力，編號F這裡就是反彈撞到「週W線」之後呈現再下跌的情形。股價接著一路下挫，結果讓股價與「月M線」之間的距離擴大，製造有利股價的反彈空間，因此可以準備當出現短線買進訊號時進場搶短。

在編號G這裡呈現站上「日D線」與「週W線」，所以在上檔空間較大的情形下，可以考慮搶短，也可以在編號G的前一筆進場，當反彈穿越「月M線」之後，正逢上一個「月M線」的階梯，又出現編號H的「陰子母」轉折型態，故為反彈高檔轉折，宜逢高出脫手中持股，不必等破「日D線」。

而因為短線反彈讓「週W線」向上，故短線會有支撐，例如：編號M的地方，此時「月M線」仍持續向下，壓縮股價與指標之間的距離，反彈空間相對受到壓制，在編號J、K、L這裡，都是股價反彈撞到「月M線」而導致壓回的走勢。

接著請看《圖5-3》宏碁在2003年5月附近的走勢圖，圖面切割成兩部分，上面擺「日週月輕鬆三價線」指標，下一

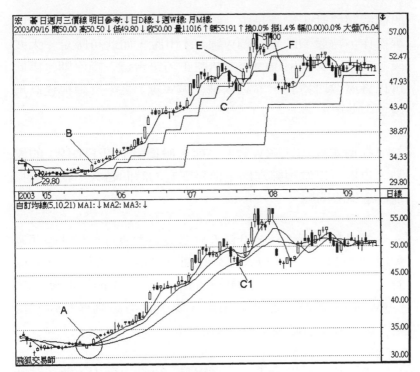

圖5-3　宏碁在2003年5月附近的走勢圖

格放移動平均線，個人使用5MA、10MA、21MA這三條為中期走勢研判，當在標示A的地方出現均線「三合一起漲」的起漲訊號，就均線角度而言，為作多買進的強烈訊號，其均線「三合一起漲」的運用另再撰文說明，或是至個人的網站觀看相關文章，裡面有基本運用的探討。

　　如果把標示A的位置往上對，正是「日週月輕鬆三價線」三條指標線同時被突破的訊號，在操作法則當中曾提到：若

股價觀察移動平均線是由「均線三合一」起漲，則作多採中線操作，待股價跌破「週W線」才出脫，如此可賺足一大波段。而這一次所出現的作多訊號正巧符合這一項原則，因此可以考慮波段持股，等到跌破「週W線」之後反彈再逢高出脫手中多單。

在尚未跌破「週W線」之前，股價針對「日D線」的波動，也是可以做短線進出，但是漲升的時間越久，就必須特別注意風險問題。

當股價不斷漲升，投資人只要關心本週有沒有跌破「週W線」就可以了，所以大部分時間可以不用看盤，只要收盤看一下就相當足夠。在編號C的那一天，股價終於跌破了「週W線」，此時不必急著出場，隔天再考慮動作都還來得及。因此標準賣點在編號C的隔一筆。

此時檢視線圖發現，「週W線」仍在上升中，所以跌破之後會有反彈波動，而在標示C1的地方也正好點到21MA的支撐，K線型態為對多頭有利的「鑷底」組合，因此這裡可以考慮進行搶短操作，故在編號E出現長白線突破「日D線」、「週W線」和K線型態的同時，就可以進場。

進場之後考慮到這只是搶短，賣出訊號先考慮股價是否創新高進行研判，如果創新高，跌破「日D線」不必急著賣出，可以等隔一天盤中出現反彈再出脫，當然要當天出場也不反對，既然定位在搶短就要敢買敢賣。如果沒有創新高就

跌破「日D線」，則一定要賣，不能有任何遲疑。

　　請看《圖5-4》宏碁在2002年12月附近的走勢圖。這張圖形正好是宏碁月線翻多的回檔，當時正巧跌到回檔最低，出現的反彈波動，根據股價波動原理，這樣的線型容易在低檔進行擴底走勢，既然如此，操作策略的時間定位就不宜太長，搭配均線的訊號也沒有均線三合一的起漲訊號，因此不宜採用「週W線」進行波段持股，只能運用「日D線」進行短

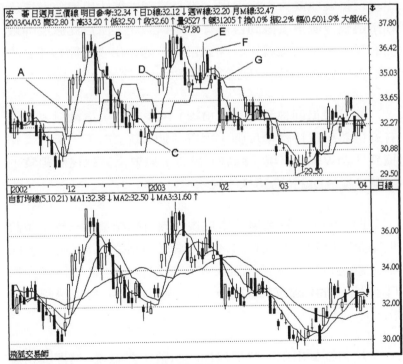

圖5-4　宏碁在2002年12月附近的走勢圖

線波段操作。

這裡的操作又牽涉到投資習慣，有的投資人不喜歡短線殺進殺出，這裡出現的擴底行情對這種類型的投資人就不適合，往往買進再賣出之後所得的利潤會比較少，如果會打亂自己的操作步驟，可以考慮暫且觀望。

圖中編號A爲保守進場點，前一筆是勇敢進場點，這裡進場非常重視短線目標測量，通常是只要到達目標區之後，出現反轉疑慮就會先行退出，不必等到破線才出場，進場後利用蹺蹺板測量，得到目標有可能到37元，所以此波反彈最高的那一筆長白線就正好達到目標，隨後出現「陰母子」的高檔轉折型態，因此不必等到編號B出現就可以先退出。

接著股價回檔到達「月M線」出現支撐，這裡只要支撐有效仍然可以持續搶反彈，因爲「週W線」向下，所以反彈撞到「週W線」出現「鑷底」組合，只要突破就是短線買進訊號，編號D就符合這樣的現象。

同樣的，這裡進場非常重視短線目標測量，一樣用蹺蹺板測量，得到目標區在37.4元，當反彈到達37.8元時就要開始注意是否出現反轉訊號，接著果然以這一筆長白線作出「陰母子」的K線反轉型態，可以先行退出或是破線趕快退出。

這張圖曾出現了買進停損的訊號，在編號E這裡因爲逢

「週W線」支撐，再出現站上「日D線」的搶短買訊，編號F
立刻破線，此時仍不得遲疑，應該盡速出場，會遭受這樣的
損失原因在於回檔時間不足，請利用「同型態比較法」與前
一波段比較就可以明白，而編號G的長黑在均線雖然呈現三
合一下跌，但是目前為底部區的擴底行情，可以研判股價會
持續探低，但是不能說還有長波段的下跌。

　　請看《圖5-5》加權指數在2003年5月附近的走勢圖。在

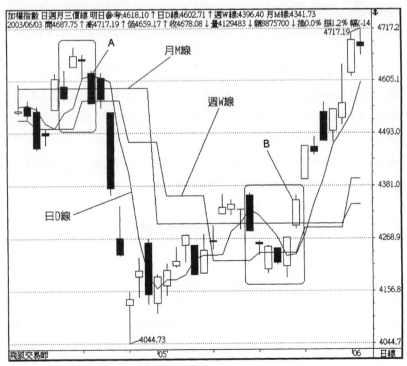

圖5-5　加權指數在2003年5月附近的走勢圖

編號A的地方(2003/04/22)出現一根長黑跌破三條指標線的技術現象，這裡已經出現多頭錯誤的訊號，所以在網站上當日盤後分析就暗示：

> 明日短線出現多頭抵抗，但抵抗非買點，準備逢高出脫手中持股。…那麼接下來的反彈b不再創新高(指分時短線走勢)，將暗示盤勢的下跌有可能從這裡發動了。

當時正好爆發SARS危機，使股價迅速呈現下跌，跌到最低價是2003/04/28的4044.73點，在當天正好跌到筆者於2月初當時提出的長線買點在4215的預估，股價隨即出現反彈。

在編號B這裡出現打底完成，並且一舉突破三條指標線，在這裡也出現一些比較特殊的型態對應。在編號A框起來的範圍是一個複合型態的「夜星」，然後用長黑跌破三條指標線，在編號B框起來的範圍是一個複合型態的「晨星」，然後用長白突破三條指標線，在這裡出現的K線型態反轉對應，所以有機會進行「王子復仇記」。

## 風險係數軌道

使用短期移動平均線進行操作的投資人，如果正好遇到明顯的趨勢行情，就可以買在相對低點，賣在相對高點，獲得較高的投資利潤，然而股價波動以盤整居多，所以常常會碰到狹幅盤整的時候，而當股價在短期移動平均線上下震盪時容易產生錯誤的買賣訊號。因此在國外的技術分析研究者

就採用一種「過濾法則」，當股價突破均線的某一百分比(一般分析者用3%)以上，才當作確認訊號。

在移動平均線的上下各加一條某一百分比的軌道輔助跌破與突破的研判，這種指標稱爲「**風險係數軌道**」，一般使用的移動平均線參數從8MA到13MA不等，百分比的增減以1%到3%不等，使用何種參數爲最佳化，實在是見仁見智，建議針對每一檔股票的特性略作修正，以期達到較佳的參考效果，而指標參數的修改，原則上移動平均線比較沒有慣性作用的顧慮，其他如KD、RSI與MACD等的指標，建議不加以修改參數，以原有參數操作較具實戰效果。

這裡的例子是以10日均線爲基準，上下各取正負3%的差離作爲軌道，當然使用者可以用較少的百分比，只是如此一來會增加交易次數，其操作原則如下：

一、突破上限執行買進動作，若跌破下限，則多頭平倉。

二、如果股價突破上限，但第二日卻回跌，應立刻注意是否跌破下限，一旦跌破，要立刻執行停損動作。

三、突破上限的當日K線低點未跌破時，持股續抱。跌破下限當日K線高點未過時，放空者無須平倉。

這個操作法在運用時有相當大盲點，在下例中會爲各位投資人說明，也會針對這一個指標的缺點加以修正。

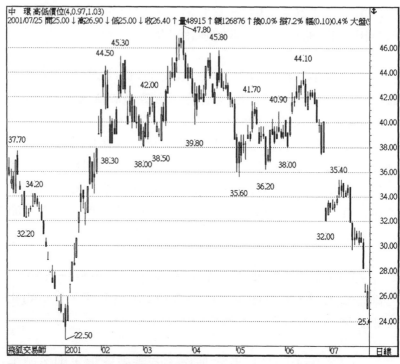

圖5-6　中環在2001年1月附近的走勢圖

　　《圖5-6》是讓投資人明白中環這一檔股票在2001年元月
起漲之後整個走勢的情形。當時它是從最高價213元一路崩
跌到22.5元之後，才有這一波明顯的反彈，所以這一波從
22.5元開始漲到47.8元，在短線上看似漲了很多，針對長線
而言，不過是一個弱勢的反彈。

　　長線中出現弱勢反彈，不小心還會破底，因此當滿足於
短線的漲幅時，仍需關心長線的相對位置，才不會賺短賠

長。後來中環在長線還是破了兩次底，最低跌到11.25元，如果不用技術分析幫忙，遭受的金錢損失實在難以形容。

請看《圖5-7》。假設出現訊號之後就是進行動作，當然要有技術面上的理由，比如說低檔目標已經滿足(長線測量低點滿足在27.5元)，出現買進訊號就可以注意買點。

在圖中標示B1為買進點，對應的是標示S1為賣出點，這

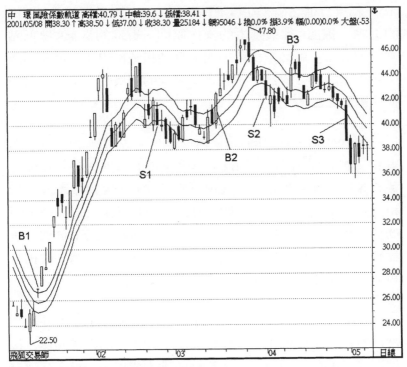

圖5-7　中環在2001年1月附近的走勢圖

一個波段是獲利，但是在後面的買賣點就沒有那麼如意，因為標示B2處買進之後，雖然股價上漲創下高價47.8元，但是等到標示S2之處跌破下限時(圖中以「低檔」欄位表示)，幾乎已經沒有利潤，搞不好還要導致虧損，這時候心中常會想，如果可以賣在47.8元附近，那該多好？這是常見的操作**盲點之一**。

接下來因為日線趨勢尚未翻空，故仍然是尋找買點準備買進，在標示B3的地方又突破上限(圖中以「高檔」欄位表示)，結果買進之後，在買進點的隔三筆就跌破買進當筆K線的低點，根據K線最基本的操作原則，買進的當筆K線低點被跌破之後，就必須出場，如果等到訊號出現才出場，如圖中所標示的S3才賣出，不就遭到極大的損失嗎？這是常見的操作**盲點之二**。

同樣的情形在《圖5-8》再度發生。圖中標示B3和S3的點和《圖5-7》相同，而B4是再度出現的買進訊號，買進之後也是隔三筆就跌破買進K線低點，當然有K線基本觀念的投資會停損出場，萬一按照指標嚴格執行進出，等到標示S4的棒線出現時執行出場動作，竟然不幸賣在當時最低那一根棒線，此時不搥胸頓足者幾希，因此埋怨指標失眞、技術分析無用的想法油然而生。此為常見的操作**盲點之三**。

心想：如果可以買在35.6元的那一筆棒線不是很好嗎？然後賣在標示B4的附近不是很完美？如果按照指標操作，後續在標示B5的地方買進，標示S5的地方賣出，天哪！又沒有

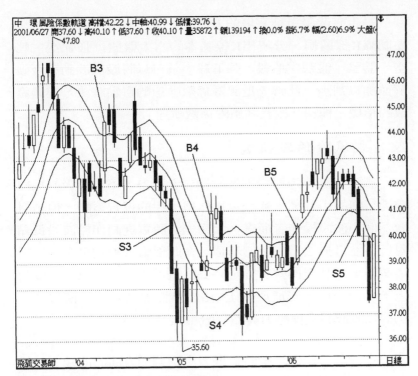

圖5-8　中環在2001年5月附近的走勢圖

賺到錢。這樣的操作技術除非錢是別人的，不然實在很難相信操作者如何有「正確的操作心態」，沒有賺錢的操作，是不會出現正確的操作心態的。

　　根據筆者對均線的心得，將均線增加上下比率幅度來決定「真假跌破」與「真假突破」，實在是浪費了均線這一個優良指標，也誤解了均線真正運用的意義，因此在操作上無法運用得宜而導致損失，自然也是正常的事了。

是否有改善這種窘境的方法呢？當然有，而且很多。只要認識K線邏輯，分辨出K線基本的六大盤態：強軋空、軋空、盤堅、盤跌、追殺、強追殺，就可以將股價波動完全破解並加以判別。此時先把風險係數軌道的盲點解決，經過修改的指標，稱為「改良式風險係數軌道」。

## 改良式風險係數軌道

風險係數軌道對中線波段操作者而言，不須汲汲於短線震盪行情的小利潤，或許可以作為可用的投資策略。但是對於一個小波段操作者而言，因為無法將買進動作於波段低點附近，並且無法掌握股價峰頂，在頭部附近獲利平倉。針對這個現象，基金操盤者於是將風險軌道改良，將原有的雙軌上下各加一條，形成股價上有5條指標線供研判，使用時，仍需以股價的支撐壓力與K線型態綜合運用。

在設計這一個指標時需要考慮到週期方面的問題，一般使用原則，除了觀察歷史經驗取眾數與兩倍眾數的值之外，也可以考慮一般人常用數字，如下所列：

1. 10MA→取正負4%～12%。

2. 21MA→取正負6%～16%。

3. 65MA→取正負8%～20%。

4. 130MA→取正負10%～24%。

　　本書圖例以10日簡單移動平均線為藍本，在10日均線上加入6%與12%兩條，在10日均線下扣減6%與12%兩條，因為10日均線對於小波段投資者可以提供較佳的買賣點訊號。

**一般操作策略如下：**

一、盤堅格局：股價於「高檔線」與「中軸線」中上下震盪。一旦股價跌破「中軸線」將使小波段多頭行情趨於弱勢。

二、軋空格局：股價於「強勢線」與「高檔線」中上下震盪。

三、強軋空格局：股價於衝過「強勢線」之外。

四、盤跌格局：股價於「中軸線」與「低檔線」中上下震盪。一旦股價突破「中軸線」將使小波段空頭行情趨於弱勢。

五、殺多格局：股價於「低檔線」與「弱勢線」中上下震盪。

六、強殺多格局，股價會跌破「弱勢線」之外。

七、多頭格局五線軌道趨勢同步向上：買點定於「中軸線」附近。一般情況股價上漲至「強勢線」將遭逢壓力，為賣出時機。

八、空頭格局五線軌道趨勢同步向下：空頭部位建立於「中軸線」附近。一般情況股價下跌至「弱勢線」為空頭平倉時機。

　　請看《圖5-9》中環在2001年5月附近的走勢圖。這一張圖與《圖5-8》的位置相同，請讀者比較這兩個指標運用的差異。

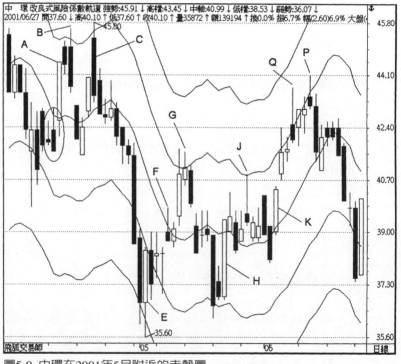

圖5-9　中環在2001年5月附近的走勢圖

編號A之前，股價是處於「中軸線」和「低檔線」之間震盪，並出現「陰母子」的組合，而編號A的長白線正好突破陰母子型態，站上中軸線，所以是盤跌格局中的短線買點，買進之後下一條線就容易出現壓力，因此在編號B這裡發現兩次觸及「高檔線」且收黑，就知道是在這裡止漲了，因為這是空頭中的搶反彈行情，短線進場者理應逢壓先行退場觀望，等待盤勢從盤跌格局轉換成盤堅格局才考慮再度進場。

因此在圖中，編號C、G、J、Q、P都是屬於下跌走勢中的盤堅格局測試「高檔線」壓力，因此在「高檔線」位置逢壓可以先退出手中多單，而編號H和K的意義與編號A的理由相同，屬於短線買進訊號。

至於編號E是下跌走勢中的殺多格局，在「弱勢線」出現長白線往往有止跌意味，但是不能再持續下跌，否則將使格局轉成強殺多格局。

請看《圖5-10》。中環在編號A之前因為股價低於「弱勢線」，所以為強殺多格局，隨即在編號A出現「陽子母」的K線型態組合，收盤也同時站上「弱勢線」和「低檔線」，暗示有機會止跌，通常同時穿越兩條線的都是強烈訊號，因此只要接著出現突破型態的長白線，就是空頭趨勢中的多頭搶短訊號。

股價強勁反彈，接著就碰觸到「強勢線」，並形成「避

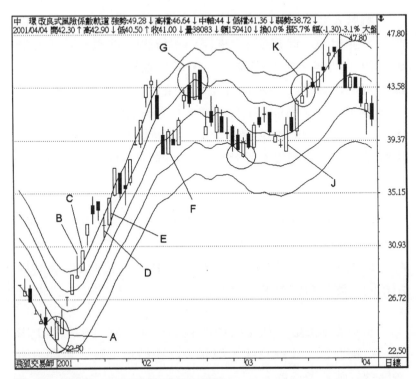

圖5-10 中環在2001年2月附近的走勢圖

雷針」，這裡通常會先行出場，因為短線在這裡滿足。但是在編號C出現之後告訴投資人可能賣錯了，理由是：從「弱勢線」直接拉高到「強勢線」，有機會形成所謂的「V型反轉」，而且編號C收高在「強勢線」之上，是屬於強軋空格局。

強軋空格局在「高檔線」與「中軸線」會出現支撐，如編號D、E、F，但是跌到「中軸線」才出現支撐就顯得比較

弱勢，也要注意盤勢是否從強軋空或是軋空格局轉成盤堅格局，而盤堅格局就要注意「高檔線」就會有壓力，也就是編號G的地方。

盤堅格局會不斷測試「高檔線」與「中軸線」，當「中軸線」支撐失敗，盤勢就轉成盤跌格局，支撐就要往下找「低檔線」了。而編號J是出現盤跌格局的第二隻腳後，出現突破「中軸線」的買進訊號，所以可以作多買進，壓力就定位在「高檔線」這裡視為相對賣點，如果可以衝到「強勢線」則通常是絕對賣出訊號。

會不會賣錯或是買錯？這是股價操作過程中不可避免的事，只要在正確突破的點買進，在買進當筆低點設停損，萬一不幸跌破時，在盤中反彈尋高出脫，都不會遭逢太大損失，就怕買錯點，則跌破不反彈，更糟的是不停損，那麼再好的技術分析技巧都救不了人。

所以在編號J這一筆買進之後，沒有破之前不退出，等到測試「高檔線」的壓力卻呈現對多方不利的K線時(如編號K)，就可以逢高出脫，或許無法賣在最高點，但是小波段終究是獲利，而積小勝為大勝，慢慢的就會有贏家心態了。

請看《圖5-11》，當在低檔出現「陰母子」型態組合，有利於短線多空互換，因此在編號A的棒線出現後，也同時突破指標的「中軸線」，因此為短線買點。

這裡是短線買點，股價亦是從最低點翻揚上來，因此注

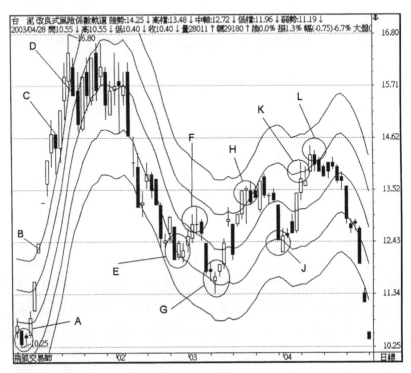

《圖5-11》台泥在2003年2月附近的走勢圖

意「強勢線」與「高檔線」的位置是否出現對多方不利的K
線？如果出現，宜逢高先出，沒有出現則可以在已經獲利的
情形下，採持股續抱觀察的動作。

在編號B就是如此，當天沒有賣出訊號，再隔一天股價
持續上漲，已經超越「強勢線」，所以定位成強軋空格局，強
軋空格局的短線出場點相當簡單，只要收盤價跌破「強勢線」
就是賣出訊號，因此編號C雖然收黑，但是沒有跌破「強勢

線」所以不是賣出訊號，編號D已經跌破「強勢線」，所以應該要賣出了。

在賣出之後，可以發現從軋空格局轉成盤堅格局，再從盤堅格局轉成盤跌、殺多格局，直到編號E才有轉成盤跌格局的機會，因此編號F碰觸到「中軸線」會有壓力是可以確定，但是股價趨勢已經開始轉換，所以待股價壓回於「低檔線」時就容易出現支撐。

因此在編號G出現「晨星」型態，可以考慮買進，買進之後的壓力注意「高檔線」與「強勢線」，如編號H這裡；同理在編號J於「低檔線」出現支撐之後，股價上漲到編號K和編號L就要注意賣出訊號。

在這裡順便談談股價趨勢。股價連續盤整，因為在「高檔線」與「低檔線」之間震盪，此時不想辦法形成軋空格局，使股價漲升在「高檔線」與「強勢線」之間，則容易是一個下跌後反彈無力的趨勢，若是如此，在編號L應該要退出，避免反彈整理失敗，造成股價迅速下挫。

我們可以從編號L之後的走勢看出，股價是出現迅速下跌，這裡就請各位投資人接著看《圖5-12》，研究改良式風險係數軌道的研判法則。

在編號A出現跌破「中軸線」且不止跌的技術現象，當然在這裡手中應該沒有多單，因為在14.45元的附近就已經呈現賣出訊號，所以此時只是考慮要不要買進、空單要不要回

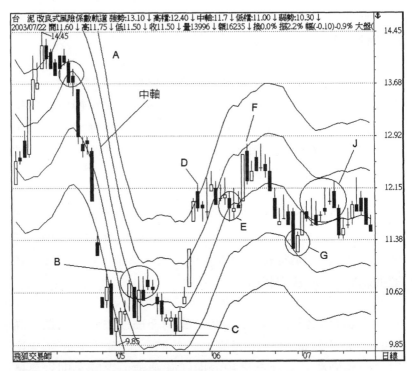

圖5-12　台泥在2003年5月附近的走勢圖

補的問題。

　　跌破「中軸線」之後，股價便迅速下跌變成強殺多格局，作多者應該在底部完成之後才準備進場，作空者可以在「弱勢線」出現止跌跡象時回補手中空單，止跌點在於9.85元的隔一筆，因為股價以日出線收紅站上「弱勢線」。

　　而從這裡止跌反彈就必須注意「中軸線」的壓力，因為

當初是跌破「中軸線」才正式急殺的。等到反彈結束(標示B
之處)股價壓回呈現第二隻腳時，就可以注意買點，理由是股
價不創新低，且在「低檔線」上獲得支撐，因此出現編號C的
「蠟燭」就是買進訊號。

在編號C買進之後，壓力觀察點變成「高檔線」與「強
勢線」，出現壓力線型可以先行退出，如標示編號D的地方。
投資人可能會問：為什麼壓力不看「中軸線」？原因在於
「中軸線」已經被測試過，加上這一次上漲短期底部也已經
完成，所以壓力觀測的指標線自然要向上提高。

而股價形成「高檔線」與「強勢線」的軋空格局後，支
撐就提高到「中軸線」，如標示E的地方，而壓力線仍然在
「高檔線」與「強勢線」，如編號F之處。

等到股價回檔到編號G的地方已經形成所謂的「盤跌格
局」，此時「中軸線」已經被跌破，所以壓力就變成觀察
「中軸線」與「高檔線」。

請看《圖5-13》台泥在2002年10月附近的走勢圖。股價
在7.1元時已經從殺多格局進入盤跌格局，因此在編號A出現
突破「母子」型態，所以為短線買進訊號，買進之後的壓力
點就在「中軸線」與「高檔線」，編號B屬於突破「母子」的
買進訊號，結果仍是受制於「高檔線」壓力，即編號C之處。
因為這裡沒有V型反轉走勢，所以持續上漲的過程只不過是
將壓力再提升一層到「強勢線」這裡，如同編號D之處。

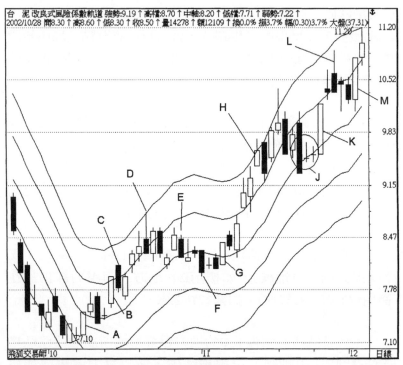

圖5-13　台泥在2002年10月附近的走勢圖

　　既然股價可以漲升到在「高檔線」與「強勢線」之間遊走，我們就要懷疑股價是否有機會持續走多？因此當它拉回出現支撐後的多頭進場訊號，是可以大膽進場作多，其中編號E、F就是在測試「中軸線」的支撐力道。

　　接著出現編號G的長白線突破「中軸線」，也突破標號F的「母子」型態，此時檢視五條指標線均呈現向上走多的模式，再加上K線的表態，理應進場積極作多，並且以編號G

當筆低點設停損，由於是從「中軸線」發動，所以壓力觀察設定在「高檔線」與「強勢線」。

很顯然，股價在「強勢線」受到壓抑，而從「中軸線」發動，股價又曾經攻到軋空格局，因此可以設定未來支撐在「中軸線」上，弱勢些，才會測試「低檔線」，編號J的地方就是測試「中軸線」，而編號K、M就是在「中軸線」獲得支撐後的短線多頭發動訊號。

當然，從「中軸線」發動的買進訊號其壓力觀察點是設定在「高檔線」與「強勢線」的。我們也可以從在哪一條線止漲研判股價的強弱程度，比如：編號G的發動是攻到「強勢線」後，股價才呈現停滯；而編號K、M分別攻到「高檔線」與「強勢線」就停止，攻擊的區間只有一格，比較起來顯然弱勢得多。

請看《圖5-14》。股價從強殺多格局見到最低點5.9元之後，股價迅速翻揚，直接漲到「強勢線」才停止，因此這一段就可以視為「V型反轉格局」。但股價停滯之後立刻又出現編號A的長白線站上「強勢線」，進行所謂強軋空格局，此時支撐觀察確定在「高檔線」與「中軸線」。

後來股價在「中軸線」出現編號B的長白線，又是一次短線買進訊號，因為股價在「高檔線」與「強勢線」之間遊走，所以定位成軋空格局。在軋空格局中出現編號E的停滯線型才是短線賣出訊號。同理，編號C是嘗試支撐，編號D

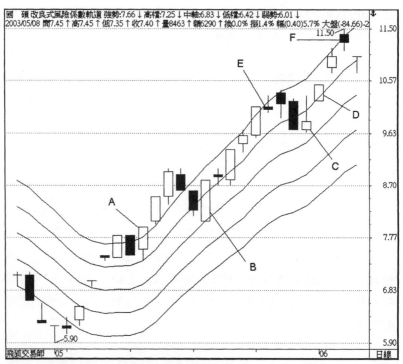

圖5-14　國碩在2003年5月附近的走勢圖

是短線買進訊號，編號F則是短線賣出訊號。

接著看《圖5-15》。當編號A站上「強勢線」之後股價開
始進行強軋空格局，強軋空在收盤沒有跌破「強勢線」之前
股價持續強軋空，所以在編號B的棒線沒有跌破「強勢線」的
情形下，只能說編號B是震盪洗盤或是緩和指標過熱的情
形，編號C則是再次發動表態，持續強軋空的行情。

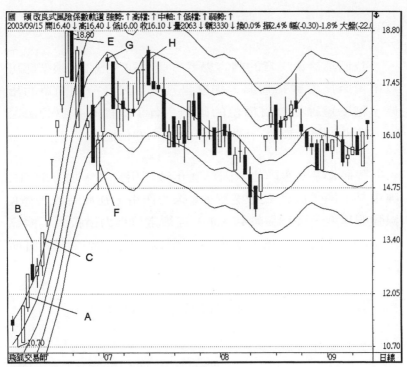

圖5-15　國碩在2003年7月附近的走勢圖

　　股價飆漲至18.8元高價之後，突然出現長黑止漲，這裡可以先行退場觀望或是等到跌破「強勢線」才考慮退場，因為急漲之後籌碼容易凌亂，因此股價很容易從軋空格局轉成盤堅或是盤跌格局，因此後續出現的編號F、G、H這些位置出現的棒線，正是股價慣性的的顯現。

# 黃金線指標

我們承接第三章的內容思考一些問題，既然K線型態可以用黃金比率觀察強弱，那麼是否可以設計一個簡單的指標，輔助短線上買賣價位的研判？有了這樣的基礎想法之後，就可以開始設計一個關於黃金比率的指標。

先將K線型態排除，因為變化種類相當多，加上取用K線重點不同，因此只考慮單一K線的作用，在此時先考慮K線強弱程度，因為振幅較大的K線被定位為力道較大，振幅較小的K線被定位為力道較小，所以在決定時不能一概而論。

經過測試與修定，目前採用的公式如下：

**當股價在10MA之上時：**

1. 當K線振幅為10日內最大時，取當日高低幅的1/2。

2. 當K線振幅為10日內最小時，取當日的最低價。

3. 若收盤＝開盤＝最高＝最低，取前一日收盤價。

4. 除此之外的K線取當日高低幅的0.382倍位置。

當股價隔一天跌破上述價位時，則為短線賣點。

**當股價在10MA之下時：**

1. 當K線振幅為10日內最大時，取當日高低幅的1/2。

2. 當K線振幅為10日內最小時，取當日的最高價。

3. 若收盤＝開盤＝最高＝最低，取前一日收盤價。

4. 除此之外的K線取當日高低幅的0.618倍位置。

當股價隔一天突破上述價位時，則為短線買點。

在設計指標的同時，有幾點必須注意：當日求出來的值，是為了讓隔一天進出參考使用，所以畫在K線圖上時必須向右偏移一天，同時對於均線(內定值設10MA)、K線振幅(內定值設10日週期)與K線日數(內定值設1日週期)這幾個數據可以設計成「變數」，也就是能根據使用者的習慣進行調整。

更進一步的指標設計，可以將這樣的觀念延伸到分時圖檔使用，或者是將週線、月線的數據拉到日線來觀察，在分時線圖使用時，個股建議使用30分鐘線圖，並將昨日計算出來的數據畫在當時走勢圖上作參考，而在日線上可以取上一個月的數據在本月當作參考，而本月一收盤結束，就可以計算出下個月的參考數據，週線同理可證。

指標的使用方法礙於篇幅僅列出普遍性的常用技巧，關

於其他用法，例如：指標正、負背離與正虛擬、負虛擬的運
用，就必須依靠投資人自行體會。本節介紹普遍性的常用技
巧如下：

一、未跌破前波正反轉低點時，跌破黃金線後開始找變
　　盤的K線型態，突破K線型態並站上黃金線為買進
　　訊號，買進之後跌破黃金線為賣出訊號。

二、跌破前波正反轉低點時，為進入整理盤或是反轉
　　盤，切換到黃金日線以30鐘K線操作。

三、當股價在5MA之上，可以參考黃金週線；當股價在
　　21MA之上，可以參考黃金月線。

　　詳細的運用技巧將以圖例說明，因為這個指標定位在短
線指標，就算將參數調整，也只適合小波段操作，而黃金週
線與黃金月線只是將週線和月線關卡轉到日線觀察而已，並
不是中長線進出的買賣依據，雖然黃金週線有中線控盤的功
能，但是其穩定性較日週月輕鬆三價線的「週W線」略差，
所以個人建議中線控盤以「週W線」為優先選擇。

　　請看《圖5-16》。所使用的是黃金月線指標，本月用的
參考價是取自上一個月計算出來的值。圖中標示A的地方是6
月收盤時的結束點，也就是在標示A當天就可以很確定的計
算出下個月黃金值的參考價，但是指標要在7月的第一天才
會畫出來，也就是標示B的位置。

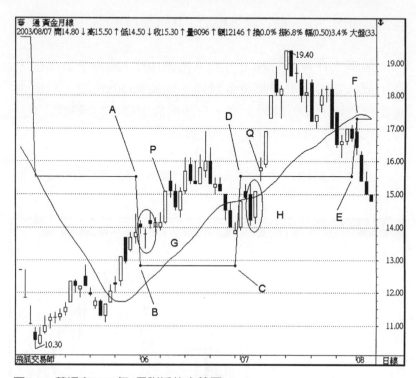

圖5-16　華通在2003年6月附近的走勢圖

　　根據這個觀念，就可以推斷在7月時因爲6月的上漲，黃金月線指標將在當時股價位置之下，所以股價會有支撐，出現的短線買進訊號就可以買進，當然賣出點不能等跌破黃金月線，因爲短線買進不能以長線指標作爲控盤出脫的依據。

　　而從編號G可以知道這是一個反轉型態，編號P出現突破，就是短線買進訊號了。在編號C這一個點就是7月結束的位置，同理可以計算出8月的參考數據，因爲算出來的數據

在當時股價之上，所以視爲壓力，也就是標示D的地方。

　　股價先在黃金月線下方形成編號H的「陽母子」型態，利用突破它的力道穿越黃金月線，即編號Q的位置，股價也從這裡開始一波短線的上漲。在圖形後續標示的編號E、F一樣是代表黃金月線的位置，不再贅述。

　　在《圖5-17》中所表示的與《圖5-16》股價的位置相

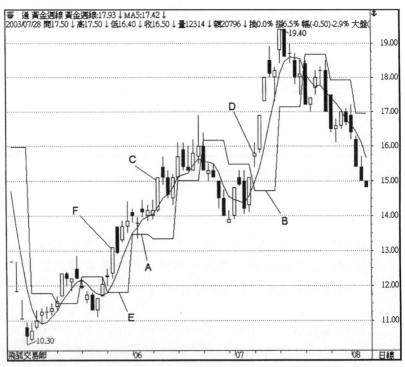

圖5-17　華通在2003年6月附近的走勢圖

同，差別在於將黃金月線指標換成黃金週線指標，這兩個指標其實可以放在一起，這裡將他分開是爲了說明方便的權宜，而指標線條的意義與黃金月線相同，就是在收週線的同時，已經知道下一週參考數據，但是要畫出指標線必須等到下週第一天開盤才會畫出來。

圖中在標示編號E、A、B的位置都是收週線之後，計算出來下一週的數據對多方有利，是屬於指標支撐，當然圖中的指標支撐不止這些，挑出這裡是因爲要說明短線發動可以有小波段漲幅，是源自於黃金週線(屬於中短線指標)在支撐情形下發生。

在編號E的支撐上，是編號F的短線發動，在編號A的支撐上出現了「晨星」的K線型態組合，只要發動就是短線買點，這一個短線買點也就是編號C的短線買進訊號，在編號B的支撐上，出現了突破「陽母子」的買進訊號，亦即是編號D的這一筆棒線，而再創下19.4元的高價之後，股價進行的回檔過程中，圖中所顯示的K線與指標組合，都是黃金週線在K線上方，是屬於呈現壓力的狀態，自然也就沒有短線買進訊號了。

《圖5-18》是以高低幅度週期爲一日計算出來的指標，標示A、B的地方是短線買點，標示C的地方出現一日回檔的技術線型，同時呈現了買賣點，請大家將此圖與下一頁兩張圖作比較，取圖的時間週期完全一致，差異在於指標參數的設定不同，下一頁的圖形分別將計算高低幅度的週期調整成

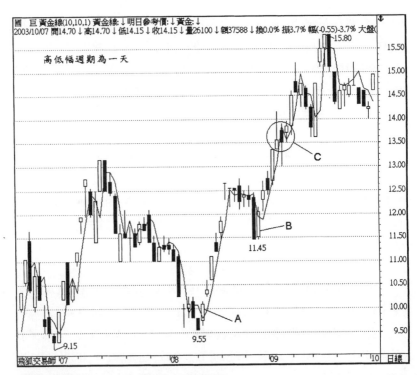

圖5-18　國巨在2003年7月附近的走勢圖

為三天和五天，呈現的買賣點則大異其趣，其中的買賣風險與利潤比率，端視個人的操作習慣決定，大原則是參數決定之後就依法進出，不能買的時候停、看、聽，賣時也是停、看、聽。

　　《圖5-19》是短線進出的操作範例，採用的是30分鐘K線圖，圖上的指標是將黃金日線畫在分線圖上，所以會顯示出像黃金週線和黃金月線一樣的階梯狀。也就是說將黃金線移

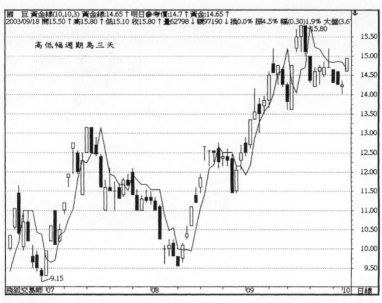

國　亘黃金線(10,10,3) 黃金線:14.65↑明日參考價:14.7↑黃金:14.65↑
2003/09/18 開15.50↓高15.80↑低15.10 收15.80↑量62798↓額97190↓換0.0% 振4.5% 幅(0.30)1.9% 大盤(3.6'

高低幅週期為三天

國　亘黃金線(10,10,5) 黃金線:15.2 明日參考價:15.2 黃金:15.2
2003/09/30 開14.60↓高14.60↓低14.25↓收14.25↓量21004↑額30314↑換0.0% 振2.4% 幅(-0.05)-0.3% 大盤(

高低幅週期為五天

圖5-19　國巨在2003年8月12日附近的30分鐘走勢圖

到分線上來研判真假突破，或是真假跌破的情形，在短線上
輔助進出的效果相當良好。

　　我們可以看見在創下9.55元的低價之後，出現編號A突
破黃金日線，突破之後就沒有來測試為真突破的機率較高，
而且從黃金日線指標的走向，也可以發現在9.55元之前是從
急劇下降轉成緩慢下降，指標的走勢容易對多方有利。而從
編號A突破之後股價一直沒有測試黃金日線，直到編號B這裡

跌破之後，就要注意黃金日線已經成為短線壓力，宜反彈逢高出脫短線多單。所以編號C這裡是出脫手中多單的最佳良機，不是買進點，請勿混淆。

　　請看《圖5-20》。短線上在編號A的位置出現長白線突破黃金日線，爾後股價一路拉高直到編號B才跌破黃金線，因此反彈尋找賣點，也就是編號C的地方。而編號D、E就是短線再度買進訊號，當於編號F跌破之後，等股價反彈時再行

圖5-20　國巨在2003年8月28日附近的30分鐘走勢圖

出脫多單，即編號G之處。這是多頭趨勢中的短線買賣研判技巧，在空頭與盤整趨勢時，此指標的運用技巧宜略作修正。

# 天地K線

　　這一個指標是利用股價擺盪原理，當捉到特定的指標訊號之後，將訊號標示在K線圖上，輔助K線型態的研判。因為指標是以標記顯示在K線圖上，為了製版方便，因此以黑色圓點表示，當指標出現訊號時，會在K線圖的最上方和最下方出現黑色圓點，所以稱為「天地指標」。

　　設計這一個指標的目的是為了讓初學K線型態的投資人如何取出重點K線，並且能夠清楚的研判突破和跌破的作用，有這一個指標幫助，就可以避免在圖形上有不知如何研判的困擾，因此天地指標在這裡只介紹兩種比較特殊的方法，這兩個方法只要會運用，股價的波動就變得相當簡易，K線型態也變的容易研判了。

**方法如下：**

一、使用時先看K線圖是否出現黑色圓點。

二、當出現黑色圓點在圖上方時，只要注意當時K線型態低點是否被跌破，若有跌破則持股出場。

三、當出現黑色圓點在圖的下方時，只要注意當時K線型態高點是否被突破，若有突破則進場作多。

四、選擇K線型態以當時爲優先，並考慮型態大小、力道差異，例如：三根K線組合比兩根K線組合優先。

當投資人有這樣的基本觀念之後，很容易就可以進入這一個指標的運用及研判，而且大家會發現，利用這麼簡單的指標來搭配K線型態組合，竟然可以這麼容易的研判股價波動，並操作股票，簡單而又合乎邏輯的法則，才是眞正的操作藝術！

請看《圖5-21》。這一個指標簡單的講，黑點出現在上方時只有找賣出訊號，不找買進訊號；黑點出現在下方時只有找買進訊號，不找賣出訊號。因此在編號A這裡，出現了類似「避雷針」的K線型態，加上「天地指標」黑色圓點在上方，所以注意是否出現跌破，跌破之後就出場。如果對測量學有點研究，更可以找到滿足低點。

股價回檔後出現指標黑點在K線圖下方，準備找買進訊號，所以當出現編號B的「陽母子」型態，只要突破之後就做買進動作，因爲這是屬於回檔之後的轉折。買進之後只要沒有跌破買進低點就持股續抱，等到指標出現在上方再找賣出訊號。

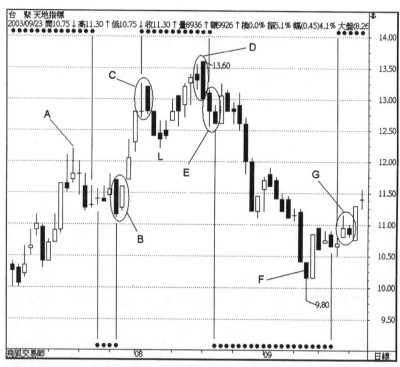

圖5-21　台聚在2003年8月附近的走勢圖

　　因此編號C的「陰母子」跌破就是賣出訊號了，而這一個賣出訊號的力道正好在編號L用完。而編號L出現了「鑷頂」的轉折型態，這裡如果出現型態突破要不要買進呢？保守操作者不要躁進，因為指標在上方暗示股價已經位於「相對高檔」，所以介入時，短線風險相當高，利潤空間卻不大，所以應該考慮放棄該股，另尋其他標的物。

　　不過指標在高檔出現的賣出訊號卻是可以驗證，比如：

標示D、E這裡出現的K線型態組合，跌破之後就出現急速的回檔，有人會提出反駁，為什麼編號C和編號D都是跌破，而一個立刻止跌，一個跌得凶？理由相當簡單，因為其中一段上漲是有買進訊號的上漲，所以支撐力道較強，一個是沒有買進訊號的上漲，支撐力道自然比較弱勢。

結果股價連續下跌之後在出現指標黑點位於K線下方時，一直沒有買進訊號，直到編號F出現槌子線之後，被長白線突破才是買進訊號，因為趨勢屬於下跌，所以買進為短線操作。

股價在沒有跌破長白線低點後，指標黑點出現在K線上方，因此要準備作賣出的動作，編號G出現「鑷底」的轉型態，但是隔一筆是長白線，仍然沒有跌破型態，也就是在這一張圖結束，買進之後尚未出現賣出訊號。

接著請看《圖5-22》耿鼎在2003年7月附近的走勢圖，編號A為「陰子母」的轉折型態，跌破就應該出場，等待下一次進場時機。結果指標黑點在K線下方時，標示B、C的區間都沒有買進訊號，所以這裡不需要做買進動作。

後來在標示D的地方出現「陽母子」的型態組合，並出現編號E的長白線突破，所以是買進訊號，依照操作原則買進低點設停損，跌破之後出現反彈則逢高出場，接下來因為指標黑點在上方，所以只有準備賣出，沒有買進了。

圖5-22　耿鼎在2003年7月附近的走勢圖

　　《圖5-22》當中標示編號F這裡出現連續的「鑷底」組
合，又加上股價趨勢定位在下跌中的反彈波動，因此在沒有
買進訊號的上漲過程中，出現的賣出訊號被跌破，將會使盤
勢急速下跌，果然K線圖走勢正是如此，而截至圖形結束，
在編號F的賣出訊號之後，於編號G的指標區間一直都沒有買
進訊號。

　　也就是說，編號F這裡是反彈高點，持股絕對要賣，相

對的也是絕佳的放空操作點。

　　請看《圖5-23》，指標黑點在下方，且標示A的地方出現「鑷底」型態，突破為買進訊號，買進之後指標點在上方，找賣出訊號，結果股價一路揚升，出現編號B的「母子」型態與編號C的「鑷頂」型態都沒有被跌破，所以持股續抱，唯一比較可疑的賣出訊號出現在標示G的棒線之後。

圖5-23　中鋼在2003年8月附近的走勢圖

標示G的棒線是在2003/08/25，當天晚上曾在網站上表一篇文章，標題是〈標準的散戶指標〉。內容是這樣的：

在2002年4月初，內人的妹妹問現在台積電可以買來長期投資嗎？我心中想她又從來不碰股票，忽然問這樣的問題，心中就浮出了「擦鞋童理論」，所以就開玩笑對她說：「如果錢太多不如拿來讓我花」。結果台積電從97.5跌到34.9。今天她又問我相同的問題，不過目標變成了中鋼。中鋼與台積電的差別在於賺錢的多寡，我的答案一樣沒有改變。但是因為台積電和中鋼賺錢的程度不同，中鋼是真的賺錢了，所以不至於會有大盤如同2002年見6484之後下跌的情形，頂多是修正而已。

後來中鋼當時的最高點就在28.3元，也就是標示G的地方，隨即進行修正在2003/10/01到此段的最低25.5元，但是就長期的眼光來看中鋼仍是一檔好股票，只是投資價位如果不適合，就不要輕易嘗試所謂的長期投資，短線的進出買賣仍以技術面為參考依據，不能被套牢就將持股轉成長期投資，因此短線操作和投資的觀念與方法完全不同，不能混淆。尤其是短線操作者不能忽視所謂技術面修正行為，因為買進的價位可能是高檔，被套不能存著或許可以解套的想法。

至於長期投資者，反正有的是時間可以慢慢等，等待最佳時機切入，巴菲特先生也是忍耐功夫一流。而且要在大家認為最悲觀，週遭的人都不關心股市時找尋績優股切入，這樣才有長期投資的利潤，股價已經漲了幾翻，才找所謂的績

優股，當心會變成「積憂股」。

　　我們回到《圖5-23》繼續說明，在編號G之隔一筆就算沒有出場，後續「天地指標」仍是暗示續找賣點，因此在編號D這裡出現「鑷頂」組合，隨即又是買點訊號是編號H的「鑷底」組合，也就是說這裡是多頭的最後機會，突破「鑷底」則持續上漲，跌破「鑷頂」就形成頭部下跌，而編號E這一筆黑棒決定股價向下，此時持股就應該出脫，而這裡也是未來的股價壓力。

　　股價下跌以後，從標示F的圖形右側，再也沒有出現買進訊號，所以不必做買進動作，直到訊號出現再做進場即可。

　　請看《圖5-24》，指標黑點在下方時找買點，出現標號A的「陰母子」型態先跌破(只有賣出訊號)，然後再出現突破(出現買進訊號)，同時也是短期底部成立，所以可以作多買進。

　　買進後出現指標黑點在上方，尋找賣出訊號，結果一路看上去，出現的訊號都沒有跌破所以不必賣出，股價就這樣一路墊高。當出現編號B的「蜻蜓」線被跌破是第一個賣出訊號，這裡也形成「夜星」，這是多頭第二個疑慮，請參考第二章說明，再出現編號C的「陰母子」型態跌破，是多頭第三次的錯誤訊號。

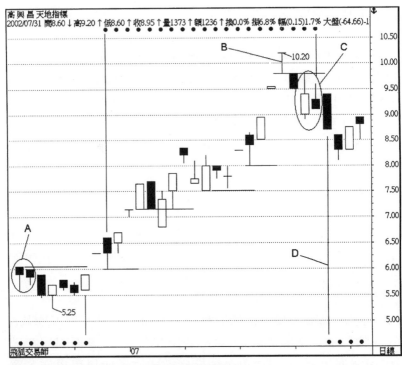

圖5-24　高興昌在2003年7月附近的走勢圖

　　請看《圖5-25》，當指標黑點在圖形下方時，準備找買進訊號，因此出現標示A的「陽母子」型態，同時也是「蠟燭」線止跌，所以只要出現突破就是買進，買進之後只要不破買進低點持股續抱，等指標黑點在上方時找賣出訊號。

　　然而股價一路走高，一直沒有賣出訊號，直到編號B的「蠟燭」線出現，底為「蠟燭」則頂也有機會是「蠟燭」，這是高低點型態對應的觀念，加上股價漲升幅度不小，所以跌

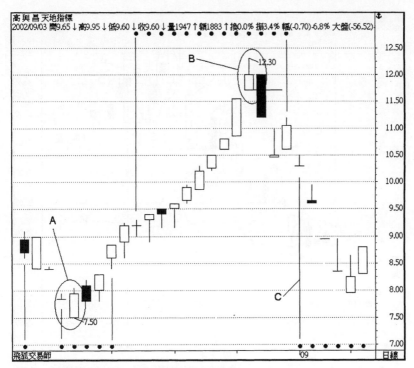

圖5-25 高興昌在2003年8月附近的走勢圖

破之後為短線賣出訊號，這也類似古傳酒田十二法中「迴轉線」轉型態。而在這裡賣出之後，股價在標示C的右側中，一直沒有出現在買進的訊號。

　　請看《圖5-26》，當天地指標黑點在K線圖形下方時，出現了標號A「晨星十字」的反轉型態，而且對多方有利，所以只要突破就是短線買進訊號，買進之後注意出現指標黑點在上方時才考慮找型態作賣出動作，因此當出現編號B的

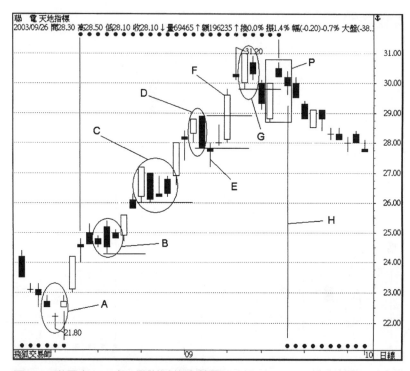

圖5-26　聯電在2003年8月附近的走勢圖

「陰母子」K線型態就要注意是否跌破。

　　從圖上觀察，編號B的「陰母子」的和編號C的連續「鑷底」型態都沒有被跌破，直到編號D的「陰子母」被跌破之後才出現賣出訊號，但是在編號E棒線出場之後，發現竟然賣在最低點，而股價又隨著編號F的長白線持續創高(當天是2003/09/08)，是否要再進場作多？從紀律與心態來談，應該可以分辨的相當清楚。

　　紀律是未出現指標黑點在下方出現型態突破時，不做買進的動作，既然如此，就不應該買進，而賣出之後還有新高價就必須想辦法讓自己的心態調適，不必怨天怨地。

　　而在編號F之後出現編號G的「陰母子」型態跌破，此時必須特別注意的一個觀念是：沒有買進訊號之後的賣出訊號，有極大可能是反轉訊號。因此跌破編號G的型態是多頭疑慮。

　　其實個人在2003/08/31曾發文表示：聯電這一檔股票在30.3、31、32都有壓力，假設可以完全攻過去，也只能算是月線擴底中正常的反彈行情而已。因此這裡並不是強勢多頭，故在指標黑點位於上方時出現目標滿足(當時最高31.2元)，並遭逢壓力之際，出現的型態跌破訊號，當然對多頭比較不利，所以這裡就算不放空(創新高價的股票不宜作空，除非有其他相對的條件與訊號)，也要將持股出脫，沒有持股續抱的理由。

　　接著股價在標示P的地方出現「雙鴉」的K線型態，通常這是一個反轉型態，在這一個指標暗示下更是明顯，且這裡亦形成股價趨勢的「短期頭部第二頭」，不但是賣出持股的絕對賣點，也是短線放空的最佳時機。因此作多者無論如何不能在這裡繼續作多，先避開短線回檔再講，等到指標出現再度買進訊號時再做買進的動作不遲。

　　這裡可能會再度出現：萬一後續股價再創新高，那我是

不是賣錯的疑問？這個問題其實無須煩惱，股價會再創新高
自然會有買進訊號，不然也可以轉換投資目標，尋找低檔要
起漲的個股或是整理接近尾聲的個股，也比漲高的個股來的
安全，如果這一個「萬一…如何…」的想法一直沒有扭轉過
來，那將很難擺脫賠錢的散戶宿命。

　　請看《圖5-27》。當指標黑點在下方時出現編號A的「陽
子母」型態，同時也是「玉柱」線，是強烈的主力操盤型

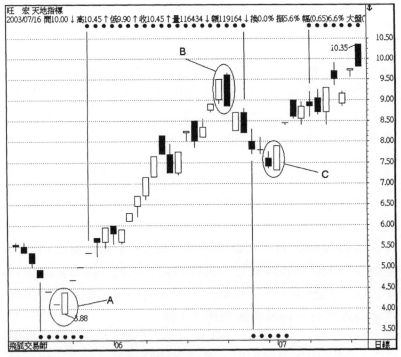

圖5-27　旺宏在2003年6月附近的走勢圖

態，因此可以作多買進，買進之後當指標黑點出現在上方注意賣出訊號，而股價一路走高到編號B的「陰母子」型態被跌破而將持股賣出。

隨後在編號C的地方再度出現「陽子母」的K線型態被突破，為短線買進訊號，可以再次買進。當然，只要繼續觀察「天地指標」的提示，出現型態跌破時再行出場即可。

請看《圖5-28》，當指標黑點在下方時，出現編號A的「陰母子」型態，並以編號B的長白棒線突破，所以是買進訊號，買進低點設停損，結果被跌破了，應該要停損出場，但是這裡有一個特殊訊號，與之前指標黑點在高檔意思相同。

在編號B是買進訊號，正常情形下在股價相對低檔要等到出現賣出訊號才有賣點，也就是說股價不回升也會有反彈。而在指標沒有提示賣點的情形下跌破編號B的買進點，接著股價持續創下新低，並再度出現買進訊號時，通常是「絕對買進訊號」，這種情形和《圖5-28》的編號G是相同的道理，只是一個是回檔持續創低的過程，一個是持續上漲創新高的過程。

所以在編號C出現的「鑷底」型態被突破，必須高度懷疑這是回檔結束的買進訊號。買進之後直到股價漲升到編號D時出現「陰子母」型態跌破，再度賣出持股，當然此時指標黑點也出現在K線圖下方，因此轉換觀察模式，準備注意買進訊號的出現。

圖5-28　金像電在2003年6月附近的走勢圖

　　當出現編號E的「鑷頂」型態時，雖然當時型態對空頭有利，不過趨勢對多頭有利，只要出現突破型態就是買進訊號，且當時天地指標黑點亦在低檔，所以突破就是買，買進之後注意停損點有沒有被跌破，與賣出訊號是否出現即可。

　　編號F就出現「陽子母」的K線型態，且又被跌破，所以是賣出訊號，結果賣出之後在指標沒有提示買進訊號時，出現持續上漲創新高，這種現象不是不能夠買，只是風險相當

高，因為這裡一回頭很容易就會出現相當幅度的修正行為，這一個觀念在之前已經提過了。

結果金像電在2003/07/08創下當時的最高也就是圖中所示16.7元的高價，截至目前個人執筆為止，修正的最低價是10.25元，幅度比率相當深，所以在編號G出現對空有利「鑷底」被跌破，如果不及時出脫手中多單，所遭受的損失除了金錢，還會包括心理上的煎熬。

因此自認為是短線高手的投資人，在編號F之後的追高行為必須相當謹慎，手中持有多單的朋友也需要注意關鍵時點出場，可能會有人質疑，編號F之後有沒有指標買進訊號？當然有，在這裡因為只介紹最基本、最安全的用法，一些短線的多空變化只好暫時略過，等到有機會再行介紹了。

請看《圖5-29》，當時陸技這一檔股票已經跌到歷史低點6.6元，這時天地指標在標示A這條線的左側出現了編號B的「陰子母」K線型態，這裡非常特殊的，就以標示B這一筆棒線為基礎，連續不斷的做出一些K線型態組合，但是後續的K線一直都沒有將收盤價突破編號B這一筆棒線的高點。

我們可以說，是以這一筆棒線高點為頸線，進行箱型打底的動作，當然最低也沒有跌破6.6元。就算在標示C和標示D之處雖然指標黑點出現在上方，卻一直沒有型態跌破的行為，也就是說沒有賣出訊號，反過來說，只要有買進訊號出現，就是絕對買點了。

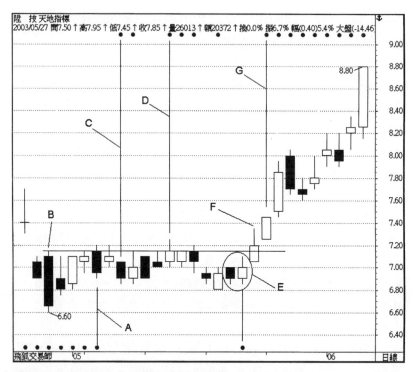

圖5-29　陞技在2003年5月附近的走勢圖

　　這時在編號E(只出現一天的指標訊號)出現了「鑷底」的K線型態組合，隔一筆也就是編號F立刻以「蠟燭」突破型態，同時也將標示B這一根大黑棒的高點突破，因此就是絕對買進訊號，買進之後當指標黑點在上方時，也沒有出現型態跌破的行為，一直漲到13.75元才出現指標跌破的賣出訊號。

　　所以我們發現，將這種指標與酒田K線搭配，竟然就像

唱雙簧一樣，因此指標的運用不在複雜，而在能夠合理的解釋股價波動的行為。

　　相同的，在《圖5-30》南科這一檔股票當中，標示A是暗示要注意賣出訊號，所以「陰子母」跌破當然是賣出，而當指標出現黑點在下方時，注意買進訊號，其中比較明顯的有編號B的「鑷底」與之前的「陰子母」，後續股價橫盤震盪的過程，並沒有突破「鑷底」的型態組合，所以不急著買

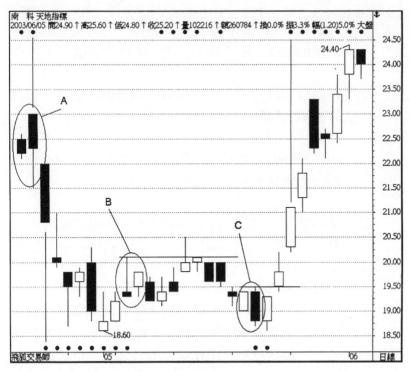

圖5-30　南科在2003年5月附近的走勢圖

進，反而有賣出訊號需要賣出。

直到編號C出現指標訊號暗示要注意「陰子母」K線型態是否突破，只要突破就是買進。而買進之後股價一路挺升到圖結束仍然沒有型態跌破的賣出訊號。

我們從陞技和南科這兩檔的例子發現，主力在低檔盤一個小底部就立刻拉升飆漲有一些特殊現象，這裡僅就在本書中提到的觀念加以說明：

一、見到最低點的價位都是長黑棒線，且容易形成特殊的型態組合，如「母子」或「子母」之類。

二、同時會以這一筆長黑棒線做一個橫盤的動作，並且打出第二隻腳。

三、第二隻腳的天地指標黑點在下方的訊號時間不長，為一天或是兩天。

四、底部訊號一出來立刻突破型態，隨即急速向上拉升。

當然，這些觀察不能作為「通則」，我們必須有一個認知，主力操作手法不會每檔個股相同，惟有長期觀察一檔股票，觀察該檔股票作手慣用的手法才能瞭解，所以用所謂的「統計分析」、「籌碼分析」這種量化的方式根本無法洞悉主力操作手法。

　　但是不管主力手法怎麼變，總是要把線型與趨勢做出來，因此股價波動邏輯與K線關鍵點變化是不會變、也不敢亂變的，其中的道理個人只能暗示到這裡，箇中意義就讓投資朋友們自行體會了。

　　請看《圖5-31》益航，並請投資人比較與陞技和南科這兩檔股票的異同。編號A無疑是賣出訊號，因為指標黑點在上方，出現跌破當然是賣，當出現指標黑點在下方時，股價

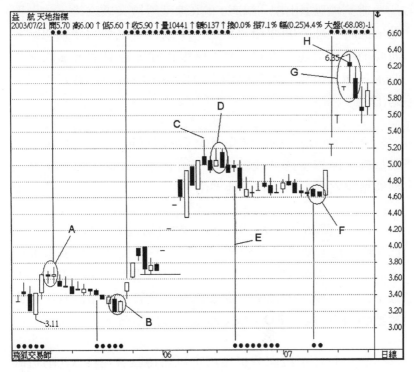

圖5-31　益航在2003年6月附近的走勢圖

壓回沒有跌破3.11元的低點，又出現編號B對多頭有利的「鑷
底」型態組合，因此先懷疑這裡是第二隻腳。

當編號B的「鑷底」被突破之後為買進訊號，買進之後
出現編號C的「避雷針」輔以目標測量力道已經用盡，所以
在編號D對空有利的「鑷頂」型態被跌破，因此是賣出訊
號，賣出之後股價一路走低，沒有發現買進訊號就不需要做
買進的動作。

直到編號F出現「鑷底」的K線型態被突破之後，才做買
進，此時整理時間亦相當足夠，所以也是浪潮的發動訊號，
而股價噴出之後，在標示H的棒線正好穿越浪潮上漲的最小
要求，加上指標黑點在股價上方出現，所以要注意賣出訊號
的出現。

在編號G是一個已經完成的「島狀反轉」，因為是屬於完
成型態，所以型態完成就要賣出不必等到跌破。當然，跌破
型態是絕對賣點，沒有其他理由。

請看《圖5-32》彰銀在2003年7月附近的走勢圖。編號A
為「陰子母」型態，指標黑點也在上方，故跌破型態就要賣
出股票。而編號B為「母子十字」型態，指標黑點也出現在K
線下方，只要突破就是買進。買進之後股價一路揚升，直到
編號C這裡出現「鑷頂」型態跌破為賣出訊號。

有沒有什麼技術分析技巧可以將持股賣在18.3元附近的
相對高點？當然可以，只要將這一章的介紹的指標綜合起來

圖5-32 彰銀在2003年7月附近的走勢圖

就不是難事了。也就是說當黑點出現在上方時，隨時可以準備賣出，但是不一定作空。

　　相同的，編號D是「鑷底」突破買進，編號E是「鑷底」跌破賣出，編號F是「陰母子」突破買進，而編號G是連續的「鑷底」型態，這裡應該很容易判別了。

　　各位投資朋友應該可以發現，這一章介紹的指標不管怎

麼變化，就是不脫離K線的運用與研判，也就是說主角是K
線，而不是指標。如果將指標為主而以K線為輔，將是倒果
為因，股價的操作自然不甚理想，所以也就難怪會出現認為
指標「黃金交叉」是絕對買進訊號的錯誤觀念了。

　　誠所謂：「以趨勢為師，型態為要，平均線為繩，指標
為輔。」而趨勢如何形成？就是由高低價位連接起來，至於
表示高低價位最佳的圖形不就是K線？所以從K線而有趨
勢，趨勢造成浪潮，浪潮的變化產生型態，這些都是K線的
範疇，而平均線和指標，不過是K線的副產品罷了。

第
三
篇

10478.99

10241.02

## 第 6 章
# 開盤法的實戰運用

在前面幾章，談了基本指標運用與黃金分割的基礎觀念，在這一章將嘗試利用連續圖例，做出盤後的規劃與盤中研判重點說明，所利用的指標是黃金線、成交量與RSI，當然以K線為主，再輔助簡單的趨勢線，而盤中走勢因為本書著重在開盤法的介紹，所以就搭配開盤法說明與運用。

因為礙於篇幅，所以只能擷取一段交易日做說明，請看《圖6-1》。這一段時間是2003/03/11～2003/04/01，也就是圖中框起來的部分，至於為何會取這一段？因為一般投資人在盤整趨勢當中有不容易判別的遺憾，所以才針對這一段說明。

說明的過程有的是通則，有的是定律，有的是因為當時背景不得不下的判斷，當然更包含當時市場心理因素在內，不過因為事過境遷，當時一些外在因素消失，現在可能比較難以體會，因此在敘述時盡量以技術面為主，而當中部分資料會引用到個人網站上「每日盤後貼圖」中的文字說明，其中會修改語詞不順之處，並增添當時省略的研判重點。

　　在這裡要特別強調的是本章的目的。我們期待每一位投資人都有自己思考與邏輯判斷模式，所以這一章反而比較像是示範，示範在盤後如何思考整個盤勢，並利用自己已經會的技術分析技巧掌握觀察點，進而擬定明日的操作方向，合理的走勢應該怎麼做？出現不合理走勢時又應該如何應對？我們要的不是每日很精準的「預測」，而是規劃與應變的能力。如果有人要求所謂的「預測」就是要看出明日漲跌，如果不是在賭運氣，就是完全不懂這個市場，沒有任何行情是可以預測的，只有合理推測和小心求證，才是股海中生存之道。

　　首先說明在《圖6-1》中2003/03/11之前的時空背景。當時從最高點5141.80反轉下跌，跌到2003/03/11當日低點4240.6正好是下跌急殺浪潮的縮小浪位置滿足，因此有機會進行反彈，所以從下一頁開始，就是從2003/03/11當天的即時走勢圖找到短線壓力關鍵與開盤法的盤態定位。

　　請看《圖6-2》，這是2003/03/11當日與前一日的收盤5分鐘走勢連續圖，以後的圖形都取連續兩日，以方便大家研判。在03/11當日是開出「一低盤」，因為當時日線背景屬於空頭，所以空頭中的短線操作為逢高放空。因此在短線上可以發現，當臨近頸線時會有短線空點，其中反彈最高的收盤價是4313.13點，因此這裡就假設為空頭放空、多頭出場的位置，也是當日「最大賣壓」之處。

　　等到當日收盤之後，再以日線圖搭配分線圖研判整體走

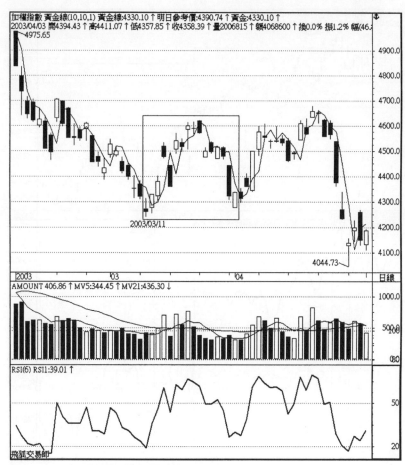

圖6-1　2003年3月附近的加權指數日線圖

勢強弱，並擬定明日操作策略與關鍵價位點應該在哪裡。請
大家看《圖6-3》2003/03/11當日加權指數日線圖。

　　在當日網站的盤後貼圖與解析重點如下：

圖6-2　2003/03/11加權指數五分鐘K線圖與收盤價折線圖

一、今日開的太低，造成反彈的力道不易延伸，而尚未
完整回補缺口就形成K線趨勢的反轉，所以在一個
弱勢的盤跌當中。慢慢盤跌僅適合短線操作，盡量
不留倉，以防短線隨時反轉的機會。

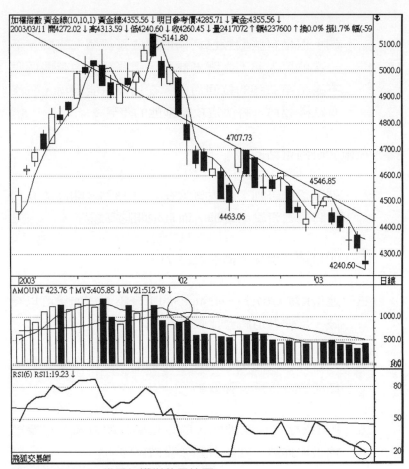

圖6-3　2003/03/11當日加權指數日線圖

二、明日宜開高，才能有利多頭。

三、在還沒有作出「趨勢攻擊」之前，這一段時間是很
　　磨人的，多空都相當難爲，股價幅度與利潤都將被

壓縮。其中金融股懷疑已經落底，電子股還不明
朗，但是有些個股已經悄悄完成長線第一隻腳，下
一次就算大盤不幸跌破3845，這些類股中有些個股
不過是第二腳的拉回而已。在這裡只能暗示，有沒
有跌破4215，將決定攻擊型態的差異！

技術面研判重點補充：

一、就開盤法研判，最大賣壓在4313.13點。開高才有利
　　於將最大賣壓消化掉，而且是開越高越好。

二、明日黃金線參考價在4285.71。

三、連接K線4707.73～4546.85的下降壓力線如果可以突
　　破，反彈力道將會比較可觀。

四、均量線已經是屬於中期量能退潮，出現攻擊盤時，
　　僅能暫時視為反彈波動。

五、RSI指標已經跌破20，所以是屬於超賣區，只要短
　　線表現強勢，就能有利於股價反彈。

　　既然盤後的技術面現象整理之後，我們擬定的策略就是
隔日開盤最好開高，開高盤之後要強有力，就屬強一高或是
氣勢開盤，不然也要想辦法做出強雙星，然後盤中要先站穩
黃金線參考價4285.71之後，再挑戰最大賣壓4313.13點。

接下來請看《圖6-4》2003/03/12加權指數5分鐘K線圖與收盤價折線圖，求證擬定的策略有無偏差之處。我們可以看見開一高盤之後就撞到黃金線壓力(如標示P之處)，因此拉回，形成漲跌跌的格局。開高在壓力之下然後撞到壓力與開高在壓力之上回檔測試該值的意義是不同的，因此撞到黃金線的值壓回還屬合理，所以開一高盤在空頭中又逢壓力被打回來不必大驚小怪。

那麼空頭中的一高盤如何轉強呢，就這一個盤勢而言，應該先讓開盤法的走勢形成「強一高」，並且突破日線壓力，最好連前一日空頭的最大賣壓也突破，後來在標示A的地方果然出現站上黃金線，並且突破空頭的最大賣壓的4313.13點。

接下來，我們思考突破賣壓之後，股價是容易回檔進行修正的。修正時，就要將黃金比率的運用拿出來輔助研判，所以就如圖所示切割出黃金比率的位置，因為跌落到0.382的倍幅，所以定義成弱勢盤。從5分鐘K線看，正是再度跌破黃金線的支撐，也就是標示B的地方。因此在標示B之後，只要盤勢再想辦法突破黃金線，並且使它具有支撐，那麼股價就可以上攻，而這種一高二低盤，就會變成空頭趨勢中的「止跌盤」。

收盤後既然呈現中紅走勢，又是一高二低的空頭止跌盤，那麼盤中拉回測試黃金比率與黃金線支撐的收盤價位4279.47就變成明日的重要觀察支撐點，明日如果有拉回動

圖6-4 2003/03/12加權指數五分鐘K線圖與收盤價折線圖

作,以不跌破這裡的關鍵為宜。接下來收盤之後進行的就是
盤後檢討與擬定明日策略的動作。

在當日網站的盤後貼圖與解析重點如下:

一、在11點35分這一筆，就可以短進當時強勢個股。而
　　11點30分這一筆收盤正是4279.47點。

二、短線多頭走強就是要反彈，明日支撐關鍵在於
　　4304，只要回檔不破此，短線多頭都維持一個強
　　勢，因為今日盤中已經宣告短線進入反彈，所以今
　　日未曾介入強勢個股者，明日在尚未知反彈力道
　　時，介入時宜考慮風險。

三、反彈力道是否持續，要看空方佈下重兵的4404是否
　　被突破了，盤中突破就可以。

四、保守者可以等待日線過4500之後，壓回再來佈局。

**請看《圖6-5》2003/03/12加權指數日線圖，並針對技術面研判重點加以補充：**

一、就開盤法研判，最大支撐在4279.47點。K線關鍵支
　　撐在4304點，開高最佳，低開則不宜跌破支撐關
　　卡。

二、今日站上黃金線有利於反彈，明日黃金線參考價在
　　4299.98。

三、連接K線4707.73～4546.85的下降壓力線尚未突破，
　　如果可以突破，反彈力道將會比較可觀。

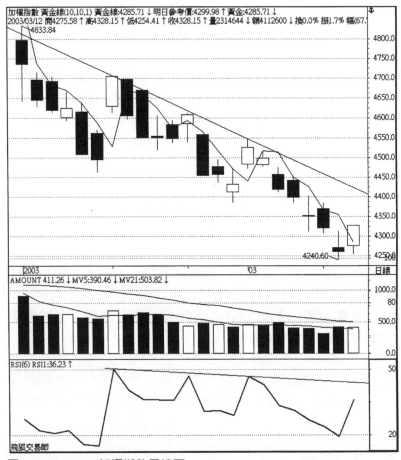

加權指數 黃金線(10,10,1) 黃金線:4285.71 ↓ 明日參考價:4299.98 ↑ 黃金:4285.71 ↓
2003/03/12 開4275.58 ↑ 高4328.15 ↑ 低4254.41 ↑ 收4328.15 ↑ 量2314644 ↓ 額4112600 ↓ 換0.0% 振1.7% 幅(67.

圖6-5　2003/03/12加權指數日線圖

四、均量線已經是屬於中期量能退潮，而均量線之間的
　　距離變小，容易在出量之後形成短期波段起漲，但
　　是仍暫時視爲反彈波動。

五、RSI指標暗示股價正在反彈。

收盤後擬定好策略，就等隔日開盤。請看《圖6-6》，標示A這裡是說昨日尾盤收盤時突破盤中最高點，並創下收盤收在最高，因此在短線上，正常的反應是會出現賣壓，化解的方法若是積極的做法就是開高直接攻擊，消極的做法就是低開先消化掉賣壓，然後尋找支撐，當支撐成立後再向上攻擊。

很顯然是先開一低盤，並測試黃金線的支撐，如圖中標示P的地方，並形成一低二高的跌漲漲盤勢，尤其是標示B的那一筆拉過平盤上，使盤勢有機會形成「一低承接盤」，隨後折線圖形成過高走高的多頭趨勢，更確定了今日短線持續反彈的方向，最重要的原因是在於標示P不破黃金線，且標示B這一筆創昨日最高。

而今日盤中走勢持續走高的過程中，可以從圖中找到最後上漲波段的低點，大約是4360點，這一個價位沒有被跌破，後市就可以持續看好。

通常「一低承接盤」的特性大都是開盤第一筆會出現大量，而這一筆就是當時的最低，隨後股價會拉過平盤，此時尚不宜躁進，因為還會壓回測試的機率相當高，通常會壓回1/2左右，如果不再創新低點，盤勢就有機會走高，像這樣的例子是比較強勢的「一低承接盤」。

圖6-6　2003/03/13加權指數五分鐘K線圖與收盤價折線圖

　　如果是比較弱勢的「一低承接盤」，在9:30才會開始出現
回升，並且在10:10前穿越平盤，此時先看止跌，後續如果可
以力守平盤之上，就準備建立多單，尤其是以類股中最強勢
的該檔股票為優先選擇。

**在2003/03/13當日網站的盤後貼圖與解析重點如下：**

一、從今日5分鐘走勢圖觀察，震盪走高之後做出三段
　　攻擊盤，尾盤雖有壓回，但尚未跌破主要支撐點
　　(即前文敘述的4360點)，故以短線強勢看待，重點
　　在於明日的變化，因為明日短線即將遭逢空頭抵
　　抗。

二、出現空頭抵抗最有可能是會發生再穿越4404後的下
　　一個五分鐘，如果可以順勢過並且軋短線空頭，當
　　然是最好，問題是多頭是否有足夠力道攻擊呢？畢
　　竟這裡是空頭重兵所在，如果不軋空，就是區間震
　　盪盤而已，而其重要短支撐在4345與4329(這是用K
　　線浪潮定位的)。

三、假設能夠突破4404，且壓回不破4298，是可以考慮
　　逢低佈局績優電子股，但是最佳時機應該不是明
　　天。

四、無論如何，這一個反彈至少要先過4500，過了
　　4500，多頭就有機會了。

**接著請看《圖6-7》2003/03/13加權指數日線圖，並針
對技術面研判重點加以補充：**

一、就開盤法研判，最大支撐在4360點，開高最佳，低
　　開則不宜跌破支撐關卡。

二、昨日站上黃金線出現反彈，今日測試不破續漲，明
　　日黃金線參考價在4349.65。正好與開盤法和盤後貼
　　圖中K線浪潮定位點相近。

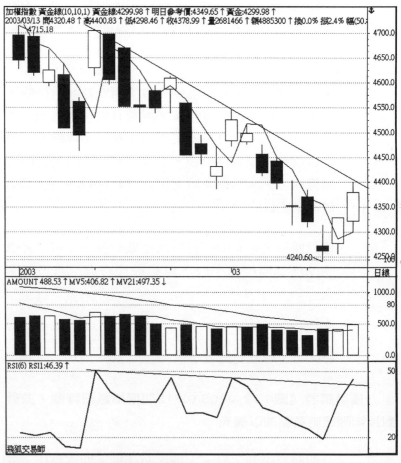

圖6-7　2003/03/13加權指數日線圖

三、連接K線4707.73～4546.85的下降壓力線尚未突破，
　　今日走勢已經相當接近，所以很容易做出突破的行
　　為。

四、均量線已經是屬於中期量能退潮，而均量線之間的
　　距離變小，容易在出量之後形成短期波段起漲，但
　　是仍暫時視為反彈波動，並注意波段起漲訊號出現
　　後是否止漲？因為這是反彈波的特性。

五、RSI指標顯示股價正在反彈。

　　所以明日正常情形會持續反彈，開高最佳，且最好能突
破4500點，因為4500點是一個壓力關卡，能夠突破則代表反
彈強勢，突破後只要壓回就可以持續做短多。

　　**接著看《圖6-8》2003/03/14加權指數五分鐘K線圖與收
盤價折線圖。**

　　在空頭時，筆者一直強調一個觀念：只要是受到消息面
的利多刺激，例如：美國股市大漲的效應，而開盤開的很高
的氣勢開盤，很容易出現開高走低的情形，這一種效應屢見
不鮮，尤其是高開的9:05那一筆棒線是收黑K，則更增添多
頭疑慮，所以這樣的盤勢因為造成短線獲利已經達到滿足，
手中有多單的投資人都會想要先賣一趟落袋為安，因此不管
是幾高盤，都要注意開高後走低的技術性賣壓。

　　因此這一日的開高盤，第一筆K線收黑，雖然在5分鐘的

圖6-8 2003/03/14加權指數五分鐘K線圖與收盤價折線圖

收盤價折線圖形成三高盤，但是卻是一個「弱雙星」格局，空頭中容易K線收黑，如果開高幅度不足50點，除了K線收黑之外，價也會跌，尤其是開盤量增，下殺的力道會更深。

　　收盤後在2003/03/14當日網站的盤後貼圖與解析重點如下，請看《圖6-9》：

一、今日一開盤就滿足目標區4500點以上，所以一滿足之後，就在高檔呈現區間震盪，並呈現小浪壓回，雖然今日大漲，然而短線已經呈現疲態，下週一若不能站穩4500，則短線宜防往4378測試支撐，假設站穩4500並且出現順勢漲，則空方宜防再度被軋空。

二、因此下週一關鍵點就在4500點，差異在何處？站不穩，壓回還是搶短，且在4708附近逢高出脫，站得穩並持續軋空，那麼就要懷疑多頭是否將在這裡開始發動了。個人從整個架構觀察，下週一以壓回測試支撐的機率較高。

　　接著就《圖6-9》2003/03/14加權指數日線圖針對技術面研判重點加以補充：

一、就開盤法研判，因為下週一有測試支撐的疑慮，所以開低盤最差，則將往支撐點測試，開高盤必須突破《圖6-8》所畫的水平頸線位置，約4500點。其中支撐數字約有下列幾個：

　　1. 高低幅的多空均衡值＝(4240.60＋4532.97)÷2＝4386.78。

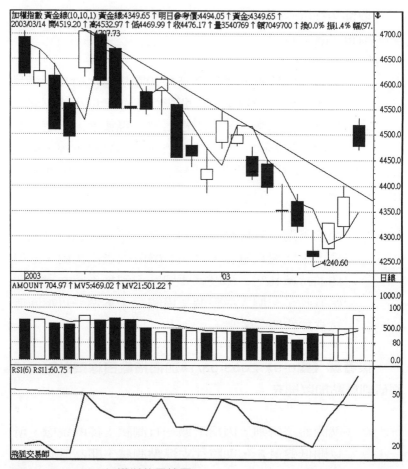

加權指數 黃金線(10,10,1) 黃金線:4349.65↑明日參考價:4494.05↑黃金:4349.65↑
2003/03/14 高4519.20↑高4532.97↑低4469.99↑收4476.17↑量3540769↑額7049700↑換0.0% 振1.4% 幅(97.

圖6-9 2003/03/14加權指數日線圖

　　2.K線支撐點4378與之前2003/03/13當天開盤法研判的
　　　4360點支撐和K線關鍵支撐點4345與4329。

二、今日站穩黃金線持續反彈，明日黃金線參考價在

4494.05。

三、連接K線4707.73～4546.85的下降壓力線以跳空突
　　破，雖然留下缺口但是K線收黑，需提防壓回測試
　　這一條趨勢線。

四、均量線仍是在中期量能退潮，尚未發生波段起漲，
　　而今日量增且均量線之間的距離持續縮小，使得今
　　日有機會形成波段推升，因此明日收盤不破，今日
　　低點才容易有成功的波段起漲行情。

五、RSI指標暗示股價持續反彈，也有測試趨勢線的可
　　能。

　　請看《圖6-10》，一開盤就低開，連稍微碰黃金線都沒
有，所以是一個弱勢開盤，並形成一低一高一低的盤態，此
盤態在低開時要注意9:10上漲的那一筆，這裡是一個短線壓
力，因此出現這樣的盤態後，股價呈現暫時止跌反彈的過程
中，必須要觀察兩個重點：一個是低點連線是否被跌破？跌
破則強烈暗示反彈結束；一個是反彈高點能否突破9:10上漲
的那一筆，突破之後又是如何表現？

　　能夠掌握這兩個重點，在盤中應該就可以輕鬆應付了。
首先看見《圖6-10》當中反彈到標示A的位置時，並沒有突
破9:10上漲那一筆的水平頸線，隨後在標示B跌破低點連
線，正式宣告反彈結束，股價持續下探支撐。從圖中可以很

圖6-10 2003/03/17加權指數五分鐘K線圖與收盤價折線圖

明顯觀察到：2003/03/13當日開盤法研判最大支撐4360點正好被跌破，也就說當日打到重要支撐點。

　　盤後的功課要持續做，請看《圖6-11》。在2003/03/14

當日網站的盤後貼圖與解析重點如下：

一、大盤今日不幸言中開低回檔測試支撐，並跌破4378
　　的重要支撐，因此接續的盤勢觀察重點在支撐是否

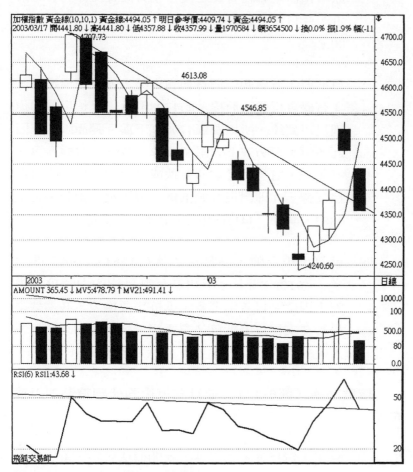

圖6-11　2003/03/17加權指數日線圖

有效？(這裡指4360的支撐如果擋不住就要持續向下測試其他支撐，如K線關鍵支撐點4345與4329)。

二、若支撐有效(指4360點)出現反彈的力道還有多少？原本預估是4378有撐之後，才有機會反彈到4700附近，今日殺盤跌破4378點後，不得不修正反彈的空間。

三、目前對多方僅剩一個有利的走勢，就是回檔逢撐，才有機會反彈，而提示的4708附近，恐怕反彈力道不足以到達，所以懷疑4708以下為反彈極限值，因此多頭必須防守下列兩個關卡：4298、4254。萬一不防守，盤勢就是繼續盤跌或是追殺！如果明日逢撐反彈，亦即出現多頭抵抗，短線壓力值分別是：4383、4400、4417(重壓)，必須一一克服。

四、就算出現反彈，高點預估落在4551~4596之間居多，4610的關卡，不知道有無足夠的力道攻過去呢！因此明日若出現多頭抵抗想要搶短，必須觀察是否在支撐以上抵抗？還要想一想上面的空間有多大。

**接著請看《圖6-11》，並針對技術面研判重點加以補充：**

一、除了上述反彈壓力之外，就開盤法研判，最大壓力

在4431.46點。明日宜高開，才能針對跌破4360之後反彈。

二、明日黃金線參考價在4409.74。

三、下降壓力線突破後被測試，明日不能再創低點，否則趨勢線要重新取畫。

四、量急縮有利止穩，均量線之間的距離變小，容易在出量之後形成短期波段起漲，但是仍暫時視爲反彈波動。

五、RSI指標也是測試趨勢線，暗示股價明日只能漲不能跌。

在《圖6-12》所示2003/03/18當天開盤就以「氣勢盤」與「強一高」表態，昨日預估的壓力被一口氣突破，顯然跌破4360之後的支撐反作用力相當強勁，而昨日收盤後預估高點落在4551~4596之間居多，今日在9:30以前就已經完成，相對的短線利潤已經被壓縮，同時也撞到前一波負反轉高點4546.85，容易產生「空頭抵抗」的行爲，因此進場搶短多的標的就必須愼選，當天後續盤勢也呈現高檔震盪，並以4540附近爲一條水平頸線。

因爲這一個盤勢屬於「強一高氣勢盤」，因此水平頸線爲重要支撐，能夠守住4540則代表續強，有機會繼續向上挑戰，空頭力道也不至於發揮，如果跌破就是要回補今日跳空

圖6-12 2003/03/18加權五分鐘K線圖與收盤價折線圖

缺口，並且測試今日9:10那一筆的支撐力道，9:10的收盤價
是4491.70，最低價是4488.28。

　　請看《圖6-13》。在2003/03/18當日網站的盤後貼圖與解

析重點如下：

　　一、今日一開盤就開高，沒有下手機會，故為觀望盤。
　　　　而在高檔有限的疑慮下，未來幾日也是不做進場動

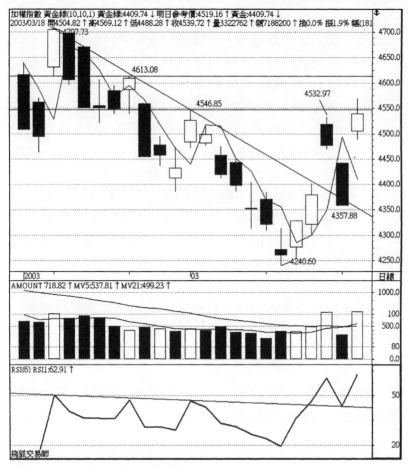

圖6-13　2003/03/18加權指數日線圖

作(指保守者)，除非高過關鍵點呈現順勢漲，並且有軋空現象，此時才考慮等壓回再找買點，因此整個盤勢的結論就是：不急躁！股市是有技巧性的賭，賭機率高低，不是賭運氣，沉得住氣才容易成為贏家。

二、接下來就要思考未來反彈的空間與操作策略。假設是等浪反彈，在昨日不創新低情形之下，反彈目標區可以假設在4648(這是粗估值，正確值＝4650.25，計算隨後詳述)，如果今日創昨日低，就是取昨日提的4551~4596這個區間，與今日收盤大約有110點左右的空間，加上4610本來就是一個壓力關卡，而今日走勢如此，明日易遭逢空頭抵抗。另外，4708這一個逃命關卡是否能夠突破，並且呈現順勢漲加軋空，才能考慮在此區間嘗試作多，所以可以稍等待，不急著在這一點空間玩，這裡就是刀口，容易傷到自己。

三、最好是多頭這裡一口氣就攻過4708，那麼長線就有機會在此發動，如果一直被壓在4708以下，則整個多頭走勢將被延至第四季下旬才會有機會。

　　請看《圖6-13》2003/03/18加權指數日線圖，並針對當時技術面研判重點加以補充：

一、就開盤法研判，最大支撐在4491.7點。K線關鍵支

撐在4488.28，開低將會測試支撐關卡。

二、續站上黃金線，明日黃金線參考價在4519.16。

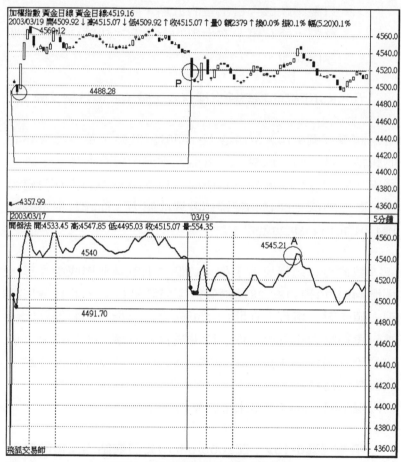

圖6-14　2003/03/19加權五分鐘K線圖與收盤價折線圖

三、今日正式宣告下降壓力線被突破，因此有機會滿足等浪目標＝4532.97－4240.6＋4357.88＝4650.25。

四、均量線呈現黃金交叉，走勢暗示是反彈波動，所以只要不跌破今日出量的低點，股價波動就可以持續反彈，所有第一次出現的黃金交叉訊號均視為短期波段起漲。

五、RSI指標的趨勢線支撐有效，暗示股價持續反彈。

　　請看《圖6-14》3/19當天一開盤就跌破了黃金線與4540的頸線，是一個二低盤。二低盤在空頭中容易收黑、下跌，關鍵在於開低盤幅度的多寡與前一日支撐壓力的相互對應觀察。既然開低，則4540頸線值就變成壓力，而昨日提示的關鍵4491.70與4488.28就是支撐。

　　我們可以這樣思考，如果這個二低盤是要形成中長黑，那麼4491.70和4488.28這兩個數字應該被打破，並且會形成壓力值才對，事實上在開出二低盤之後，指數的震盪區間就被包覆在壓力和支撐之間，除非支撐被打壞，不然這個二低盤是不容易造成中黑的，而標示A的地方是反彈的最高點，收盤價位為4545.21，這裡撞到頸線並在二低盤的前提下，容易出現壓回，同時也是未來的壓力所在。

　　請看《圖6-15》。在2003/03/19當日網站的盤後貼圖與解析重點如下：

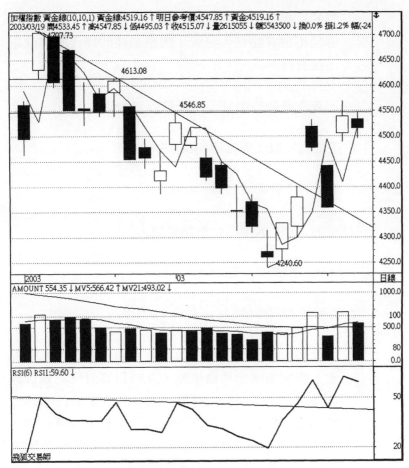

圖6-15　2003/03/19加權指數日線圖

一、盤中走勢除了短線賣壓外，還有空頭抵抗的慣性，
　　因此今日形成盤下的「區間震盪盤」，並形成K線型
　　態中的陰母子(即收斂)型態。目前因為還在向上反

彈的波動當中，故以突破向上表態的機率較高，表態是不是買點見人見智，因為最佳的操作心態就是不要急躁。

二、不要急躁的理由是因為計算得到的值有：

1. 正常的等浪反彈目標=4650左右。

2. 正常的型態滿足目標=4650左右。

又往前看之前的K線組合與指標壓力：

1. MACD指標殺多點=4708左右。

2. 反彈無力再殺值=4610左右。

三、因此對多頭必須順勢一口氣過4708，並產生軋空現象，壓回來開始找搶短點，此時目標51**，過目標之後再發生壓回找支撐點大買。請注意有四項條件與順序。對空頭有利則是反彈後指數仍被壓在4708之下。則要等第四季末。(意思是要作多必須等4708被突破，第四季末是當時的時間預估)。

**請看《圖6-15》2003/03/19加權指數日線圖，並針對當時技術面研判重點加以補充：**

一、就開盤法研判，最大壓力在4545.21點。高開突破最

佳，K線關鍵支撐在4491.70和4488.28，低開則不宜
跌破支撐關卡。

二、今日收盤仍收在黃金線之下，所以明日以跳空過明
　　日黃金線參考價4547.85為最佳。

三、目前受制於水平頸線4546.85，跳空過最佳，下一條
　　頸線壓力是4613.08。

四、均量線持續黃金交叉，仍屬於短期波段起漲，因為
　　沒有跌破昨日低點，所以反彈波動持續中。

五、RSI指標暗示股價屬於反彈中的弱勢行情。

　　在3/20當日開盤是開一高盤（圖6-16），高過昨日的壓力
4545.21，並且站上今日的黃金線，然後迅速壓回，因為在
9:30前沒有形成強勢盤，因此是「弱一高盤」，又現在已經屬
於反彈行情中的多頭走勢，因此容易收實體小黑或是小紅，
而指數漲跌必須以當時走勢研判。

　　開一高後，先迅速壓回連六黑，也就是連黑30分鐘，那
麼支撐應該看何處？自然是黃金線的值等於4547.85和昨日的
壓力4545.21了。正常而言，壓力被突破之後就當做支撐來
看，而支撐被跌破之後就當做壓力來看，這就是所謂的「支
撐壓力交換律」。

　　而3/20當日的分時走勢關鍵相當多，僅就本書範圍來探

圖6-16 2003/03/20加權五分鐘K線圖與收盤價折線圖

討。首先是今日的最高點等於4613.69，正好撞到前一波反轉高點壓力值4613.08，撞到日線重壓力沒有理由，短線必定先回頭，如果採用另一種特殊的強烈表態，才沒有回頭的機會。

　　盤勢在壓回後，先撞到9:05的開盤點，也就是標示B的地方才反彈，因此這裡是頸線位置。反彈到編號A的地方出現不創高的走勢，通常這裡以反彈的短期頭部第二頭來看待。

　　當股價反彈不創新高時，就需順勢畫一條上升趨勢線，而趨勢線在編號C被跌破，心中的反應就是短期頭部有機會成立，股價需往下測試支撐。請看K線圖部分，股價跌破趨勢線下跌之後，填補了早盤的跳空缺口，缺口一被填補，同時又在撞到昨日收盤價位置的情形下，股價慣性通常會出現反彈，即標示D之處。

　　當股價跌到標示D的地方之後，已經跌破黃金線，反彈突破黃金線仍會拉回，拉回後不破黃金線才會再度反彈，這樣走法的目的就是先將壓力轉成支撐的意思。因此在標示E的地方呈現壓回測試黃金線沒有跌破，黃金線變成支撐，同時當筆收盤價4550.47亦為K線重要支撐。

　　從標示E開始反彈最大的目的在於突破頭部區頸線的位置，因此從短線角度而言，有利於明日再創短線高點，至於指數是否能持續上推，在短線掌握好之後，還要觀察日線的結構。

　　等到今日收盤之後，再做日線結構的探討，請看《圖6-17》。在2003/03/20當日網站的盤後貼圖與解析重點如下：

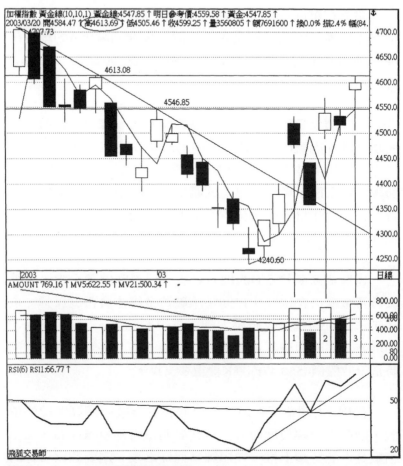

圖6-17　2003/03/20加權指數日線圖

　　一、今日在10點時過4610(指分線)這一個關卡(日線是
　　　　4613.08)，故先拉回(這是K線慣性)，在高檔震盪之
　　　　後受消息面影響迅速回檔，隨即再走高，因為回檔

未破關鍵點，再過關後走高，暗示仍有機會滿足短
線等浪與型態滿足。

二、日線關卡不變。正常的等浪反彈目標等於4650左
右。正常的型態滿足目標等於4650左右。MACD指
標殺多點等於4708左右。短線關鍵在4532，不破還
有機會向上述的目標區挑戰。

三、多頭有利：利用順勢一口氣過4708，並產生軋空現
象，壓回來開始找搶短點(目標51**)，過目標之後
再發生壓回找支撐點大買。若是空頭有利：反彈後
指數仍被壓在4708之下。要等第四季末才有行情。

請看《圖6-17》2003/03/20加權指數日線圖，並針對當
時技術面研判重點加以補充：

一、就開盤法研判，最大支撐在4550.47點。因爲仍有機
會創下新高，所以指數短線可以搶短。

二、今日收盤仍站在黃金線之上，故反彈持續，明日黃
金線參考價在4559.58。

三、水平頸線4546.85已經被站上，因此這裡會有短線支
撐，而另一條水平頸線4613.08尚未站上，仍視爲壓
力。

四、今日是上漲過程中第三次出量，故視爲波段推升

點，因此今日低點不能被跌破，跌破則形成短期頭部，同時也宣告波段起漲結束，股價將會進入整理。另外今日的出量如果是攻擊，明日應該做出紅K棒線，如果是解套或是反彈，就容易做出黑K棒線，又看看之前量的模式，標示1和2的量衝出來之後股價反應，可以研判明日創高之後將容易收黑。

五、RSI指標暗示股價持續反彈，但是當我們拉出一條上升趨勢線後發現，指標與趨勢線的距離很近，也就是容易出現指標跌破趨勢線，若是如此，將會有反彈結束的疑慮。

請看《圖6-18》，在2003/03/21開盤當日先以一低盤開出，隨即向上拉升，這算是一個失敗的開盤，因為日線壓力水平頸線的值4613.08仍未完全克服，如果直接開高跳過去讓壓力變成支撐，反彈的力道就會較強，利用低開撞壓力，無疑是雞蛋碰石頭，因此當標示A衝到前一日的頭部區時，同時也再度撞到日線水平頸線的壓力，因此股價的慣性是會做震盪拉回。

從標示A壓回之後，反彈不創新高，所以順勢畫一條上升趨勢線，當趨勢線跌破，就必須懷疑短期頭部已經成立，而在標示C的地方正式跌破上升趨勢線，因此在沒有過當時壓力的情形下，應該要注意下探支撐。

正常而言，當日的支撐是5分鐘折線圖中正反轉的低

圖6-18　2003/03/21加權五分鐘K線圖與收盤價折線圖

點，也可以找出K線的軋空低點，利用開盤法研判者，就必
須要注意開盤法中開盤的轉折點，比如說今日的關鍵轉折點
就是在9:05那一盤，通常盤勢被空頭打到這裡，多多少少都

會有一些反彈。

　　結果盤勢在標示B的地方出現跌破9:05的轉折點，反彈之後再跌一小段之後才開始進行時間較長的整理，這裡會做出這種走勢的理由與形成的原因比較複雜，日後再探討。從反彈的走勢應該可以很明顯發覺，它是做一個「旗型」的反彈整理型態，也就是標示D這個區域。

　　在這裡要說一個型態的重要觀念，從創高點之後盤一個小頭部再下跌，下跌到重要支撐附近開始進行反彈，反彈時出現的整理型態，其中一個研判法就是看看是否能將頭部的第二頭位置給克服，如果無法克服，應該提防還有一次「等幅」的下跌機會。

　　所以明日的開盤就相當重要了，因為今日收盤後線型是形成一個類似「十字線」的變盤K線，開盤開得不好，就有機會變盤，股價在高檔變盤，只有向下回檔一途。開得好，還要看好到什麼程度，承上所言，沒有開高將壓力克服，如何一個一個的將壓力撞過去？更何況除了日線水平頸線的壓力，在短線上，又多了所謂頭部壓力。

　　此外，今日不易上漲的理由，在於日線成交量暗示，依照慣性今日是很容易收黑價跌，所以有這樣的走勢可以說是並不意外。

　　**請看《圖6-19》。在2003/03/21當日網站的盤後貼圖與**

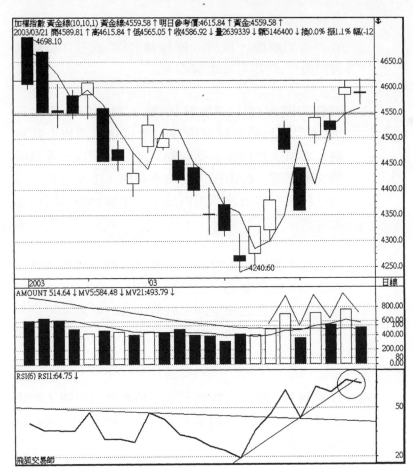

圖6-19 2003/03/21加權指數日線圖

**解析重點如下：**

一、今日在不破最重要支撐4532之前，持續在短線高檔
   震盪，幅度縮小，顯見觀望氣氛濃厚。因為在週線

就要遭逢「空頭抵抗」情形下，又加上上檔空間幅
度不大的疑慮，投資人操作趨於保守(包含重量級
大戶與作手)是可以理解的。

二、現在的關鍵是下週就算創高(下週是週線空頭抵
抗)，也容易被打壓而回檔，所以在未過以下敘述
壓力之前，想作也少作一點，最好是不作，等到情
勢明朗不遲，股市操作要細水長流，不必急於一時
的獲利，等待最佳關鍵再出手，才容易從市場中獲
取財富。

三、極短線中要注意支撐4568不跌破，就還會再挑戰今
日高點，然而要過今日高點之前，4607.5這一個短
線壓力要突破之後壓回不破盤中當時關鍵才可以。
其中萬一跌破4568，就往下找支撐，分別是4553和
4532(最重要，跌破多頭當心)。

四、日線關卡不變。這些沒有改，請看昨日說明，短線
關鍵在4532，不破關卡本波段還有機會向上述的目
標區挑戰。

請看《圖6-19》2003/03/21加權指數日線圖，並針對技
術面研判重點加以補充：

一、就開盤法研判，最大壓力在短期頭部第二頭。K線
關鍵支撐4532點。又因為K線收「類十字線」，只有
開高最佳，開低將直接測試支撐關卡，被測試之後

沒有支撐力道就是反彈結束。

二、今日收盤仍在黃金線之上，明日參考價在4615.84，明日收盤應該要想辦法站上。

三、水平頸線連撞兩次都過不去，在高檔有限的情形下，多方應趨於保守。

四、波段起漲有結束的疑慮，因爲5日均量已經向下彎，加上成交量的柱狀體呈現增減的情形，一般稱爲「草叢量」，代表股價沒有強攻意圖，反而有偷跑、邊拉邊出的嫌疑。

五、RSI指標跌破上升趨勢線，暗示有回檔的機會。

六、反彈無力再殺値4610左右已經反應完畢(稱爲解套)，等浪上漲目標4650.25與目前位置所差無幾，視爲空間有限，屢撞水平頸線壓力，在過不去的情形下，多頭當然要多加提防。

　　請看《圖6-20》。在日線爲「類十字線」的壓力下，開高盤自然比較有利，所以從折線圖呈現的是「一高盤」，並且分別形成「強一高」與「強雙星」，如果單純使用開盤法研判的投資人，大致上會認爲這已經是強勢盤，就不會想到會有反轉危機。如果在操作時，能夠記得看看K線的變化，那麼遭受的損失將會減到最低，甚至完全沒有，這也是筆者強調的開盤八法要搭配K線觀察的重要原因之一。

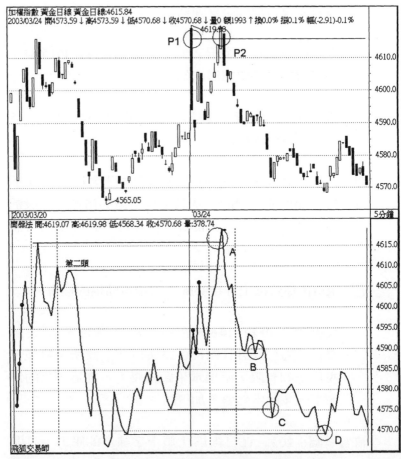

圖6-20　2003/03/24加權五分鐘K線圖與收盤價折線圖

　　從K線圖中來看，9:05那一筆收黑而且又創下日高點，同時撞到黃金日線(標示P1之處)，隨即股價壓回，壓回後出現反彈的過程中，雖然看起來強勢，但是都在9:05這一筆黑K的範圍之內，且二度撞到黃金日線(標示P2之處)，如果回

檔應該也不意外。

再回到5分鐘折線圖看，就可以知道爲什麼「開盤八法」運用不當遭受損失了，忽略了最重要的K線，往往就會判斷失誤。在昨日擬定盤勢策略時，就已經提到最大壓力在短期頭部第二頭，因此折線圖在標示A的地方先衝過去第二頭又創新高的情形下，原本就容易壓回。

K線不對勁，折線圖又說要壓回，難道還有「強一高」的期待嗎？更何況前一日的策略是4607.5這一個短線壓力要突破之後壓回不破盤中當時關鍵才可以。當盤中出現壓回後的急速下挫，就要開始尋找當時的關鍵點，根據折線圖的慣性，就是在開盤法9:10轉折的那一筆，雖然當跌破此處時會出現反彈，但是已經算是跌破關鍵了，所以就沒有上攻的力道，也就是標示B之處。

標示B是稍微反彈就續跌，因此繼續向下找支撐。其他支撐點可以找上漲中的正反轉低點外，在昨日策略中定出的4568、4553、4532均是重要的觀察處，爲了方便解說，請直接看正反轉低點即可。在標示C和標示D這裡都出現反彈，這是股價慣性，不一定代表會反轉上漲，而今日最低價打到4568.34，正好在提示的支撐4568之上，因此明日只要出現對多頭有利的走法，盤勢就會持續在高檔震盪。

但是低開就不好了，因爲當日收盤4570.68離支撐價位已經相當接近，低開不就將支撐跌破？如果是一個一個慢慢撞

還好，萬一是直接跳空低開，那麼這幾天就會形成分時走勢的頭部區，也就是宣告這一段的反彈已經結束。

**請看《圖6-21》。在2003/03/24當日網站的盤後貼圖與解析重點如下：**

一、今日實在是多頭敗筆，因爲沒有攻過4708，也沒有滿足等浪行爲，如果明日與後天再不表態，則又會形成反彈無力，而反彈無力的下場，就不排除破低點。

二、今日低點來到4568.34，正好是上週五提示的支撐4568，因爲尙未跌破，所以明日只要不破此低，還是有機會向上挑戰。

三、就表態時間推估，以星期二尾盤機會較大，或者是星期三中盤，多頭宜把握良機，避免製造出反彈無力的現象。

四、極短線關鍵支撐仍在4568，不跌破就有機會挑戰今日高點，然而要過今日高點之前，4608這一個短線壓力要突破之後壓回不破盤中當時關鍵才可以。其中萬一跌破4568，就往下找支撐，分別是4553和4532(最重要，跌破多頭當心)。

五、未破4532前，才有機會往等浪反彈目標等於4650左右挑戰。

請看《圖6-21》2003/03/24加權指數日線圖，並針對技術面研判重點加以補充：

一、就開盤法研判，最大支撐在4568點。K線關鍵支撐

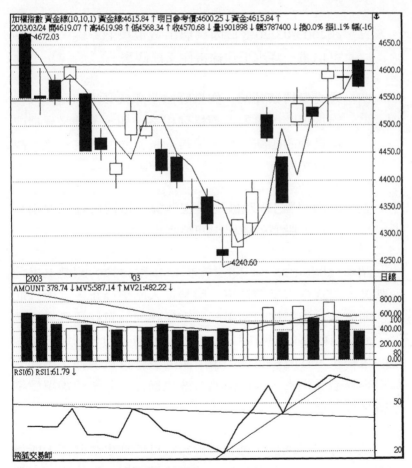

圖6-21 2003/03/24加權指數日線圖

在4532點，只能開高，低開就會跌破4568的支撐關卡。

二、明日黃金線參考價在4600.25，在今日收盤價之下，因此視爲壓力關卡。

三、在2003/03/20當日因爲縮出量帶長下影線，故低點可以畫一條水平頸線當作支撐觀察。

四、成交量持續萎縮，如果股價要漲就必須出量。因爲出量下跌，會對反彈格局相當不利，量縮又會造成均量線的距離縮短，使得均量線產生死亡交叉，故對量潮而言，只有出量上漲一途。

五、RSI指標已經跌破上升趨勢線，這裡短線只要稍有不對，股價就會出現回檔修正。

請看《圖6-22》。一開盤就將4568和4532的關鍵支撐通通跌破，正式宣告反彈結束，盤勢進入回檔修正，之所以能在一開盤就知道這樣的結果，答案早在前一日就已經模擬過了，而今日能不能追空呢？極短線是不適合的，因爲日線轉空的第一天，在隔一日會出現所謂的多頭抵抗慣性，短線空單很容易遭受損失，因此僅適合波段操作，若是短線單建議不留平倉爲宜。

因爲今日一開低，連日線3/20當日低點也跌破了，所以支撐就會變成壓力，尤其是4532這一個關卡。而在短線走勢

圖6-22　2003/03/25加權五分鐘K線圖與收盤價折線圖

圖中，曾有出現反彈之後再做第二頭的位置，也就是標示A
的地方，這裡也是重要壓力區，亦是短線向下浪潮的發動
點。

而標示A這一個壓力並非不易克服，因為尾盤已經拉升上來，使收盤價接近A之處。這裡必須要提出一些觀念，縱使編號A的壓力被克服掉，短線上仍然容易拉回，就算用急攻的方式向上硬攻，也要往前看一看向下跳空缺口的壓力，甚至還有4532支撐變成壓力的關卡，種種短線上的技術面對多方想要向上反彈而言並不順利，更何況是日線結構造成的壓力呢？

加上整體研判的結論是未來盤勢回檔的機率高出持續反彈的機率很多，所以操作策略只有逢高出脫或是逢高作空，哪裡有想要在作多的道理，這樣是逆勢而為，就算藝高人膽大，也容易遭受損失。

**請看《圖6-23》。在2003/03/25當日網站的盤後貼圖與解析重點如下：**

一、今日開低已經造成「反彈無力」的強烈暗示，又是一破三的下跌行情(這裡指一舉吃掉3個關鍵)，因此後續反彈撞壓過程中，如果不小心持有多單者，宜視持股情形逢高出脫。

二、本週是空頭抵抗週，今日跌破幾個關鍵，所以明日會出現多頭抵抗，在中線力道壓制下，多頭想要有強勢表現並不容易，明日想要多頭抵抗成功，先看4511能否過得去，連這一點距離的力道都沒有，就不用談了。假設未來盤勢是順勢跌破4357點，雖然

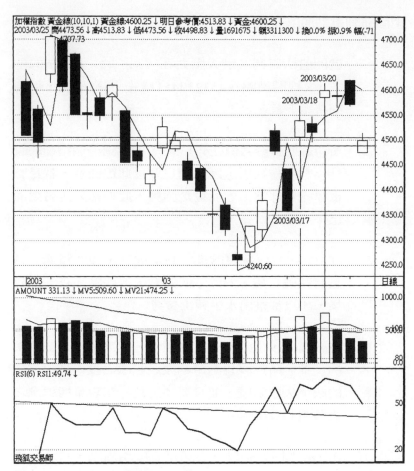

加權指數 黃金線(10,10,1) 黃金線:4600.25 ↓ 明日參考價:4513.83 ↓ 黃金:4600.25 ↓
2003/03/25 開4473.56 ↓ 高4513.83 ↓ 低4473.56 ↓ 收4498.83 ↓ 量1691675 ↓ 額3311300 ↓ 換0.0% 振0.9% 幅(-71

圖6-23　2003/03/25加權指數日線圖

　　會出現反彈，但是已經非常不利多頭，如果是分段
跌破4357，那麼多頭就還有在此橫盤的機會。

**　　請看《圖6-23》2003/03/25加權指數日線圖，並針對技**

**術面研判重點加以補充：**

一、就開盤法研判，最大壓力在《圖6-22》標示A的地方，K線關鍵點在4532和4511點，開高最佳，低開則持續下殺。

二、黃金線明日參考價在4513.83，因為這一個指標的設計沒有考慮缺口，因此明日要以此線觀察，就是整根棒線全部站上才能算是強勢，此外都只是震盪而已。

三、在3/20、3/18是因為量增的支撐點，顯然經過測試且有跌破之慮，3/17是低頓點，這些點都有支撐效果，所以都畫出水平頸線參考。

四、持續量縮，但是不一定會價穩，因為這裡是空頭中的反彈，所以要想到短期波段起漲之後均量線靠攏的起漲失敗訊號，並且要注意萬一出現量能退潮之後股價的表現。

五、RSI指標打到50以下，50是多空均衡點，暗示多頭要在短線上做多頭抵抗，不然指標趨勢就會呈現對空頭有利，另外指標的壓力線已經轉成支撐線，當指標來到此處應該會出現支撐現象。

請看《圖6-24》，當日開盤為一高盤，將《圖6-24》標示A的地方和重壓4532突破，突破之後立刻拉回，如果是一個

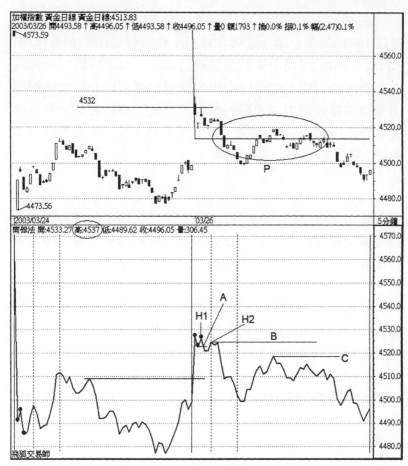

圖6-24 2003/03/26加權五分鐘K線圖與收盤價折線圖

「真突破」，應該要做出強一高或是強雙星的盤態，然而可以發覺標示H1未創9:05高點，且H2＜H1，因此是一個弱一高格局，未來跌破平盤，將會造成下殺的走勢。

　　在標示A這裡也是一個關鍵，因為它跌破了開盤三個關鍵點中9:10的那一筆，反彈之後再下跌也就是H2的位置(標示B的水平頸線)將是未來的重要壓力之一，而下跌過程中先跌破黃金線的位置，然後再出現反彈撞到黃金線，之前已經提過，撞到線條出現震盪則在所難免，因此這裡能否站上黃金線且呈現真突破必須打問號，尤其是在標示B的水平頸線尚未突破之前，行情難以有所作為。

　　而股價從H2開始下跌之後，反彈到黃金線(標示P的地方)開始出現震盪，震盪的過程我們觀察K線走勢是每彈不創高，壓回卻創低，所以是空頭有利，因此搭配開盤法研判與日線背景，可以知道必殺尾盤，K線也將會收黑。

　　從整個走勢來看，可以猜測今日開高盤的目的與主力作線技巧。因為在3/25當日屬於開低下跌且量縮，會造成出貨的不順暢，或是來不及出貨，導致主力短線上的套牢，因為筆者採用的「美式操盤法」是國內主力慣用重要技巧一環，所以捉取的關鍵點(即4532)是一致的，本來預期有支撐的情形下被跳空跌破，那麼接下來的走勢請投資人猜猜，應該要怎麼走才算是合理？

　　對了，就是要拉高解套。既然如此，就應思考從哪裡解套才屬於合理，想像自己是操盤主力，在跳空下跌的過程中，缺口幅度這麼大，如果要解套在缺口之上也就是填補跳空缺口將顯得不易，所以第一個目標區就是將原先設定的支撐4532點做解套，這裡是主力作手的停損點，因此對這裡解

套顯然比較容易也合理。

　　所以在開一高盤第一筆就穿過4532的情形下，應該合理懷疑主力作手已經解套完畢，接下來走出的弱一高和弱雙星就可以知道當日將會收黑，因為主力已經解套，何必再特別支撐股價？所以只要逢反彈高點就是將持股出脫，退出觀望。

　　**請看《圖6-25》。在2003/03/26當日網站的盤後貼圖與解析重點如下：**

一、今日盤勢仍然陷於膠著，而且呈現多頭抵抗，雖然抵抗的不是很好看。且今日抵抗仍未化解「反彈無力」的強烈暗示，當然，一破三的力道仍然存在，保守投資人理應再等待為宜。

二、只要指數一直被壓在4708之下。長線多頭行情就是必等第四季末。

三、目前短線支撐在4480，短線壓力在4510，4525(重壓)，突破壓力，就往今日高挑戰，然後多頭想辦法補掉下跌缺口，如此才有機會化解反彈無力的疑慮。如果跌破支撐，就要往下測試短線等幅關卡，分別是：4473-4430-4405-4382-4357。

　　**請看《圖6-25》2003/03/26加權指數日線圖，並針對技術面研判重點加以補充：**

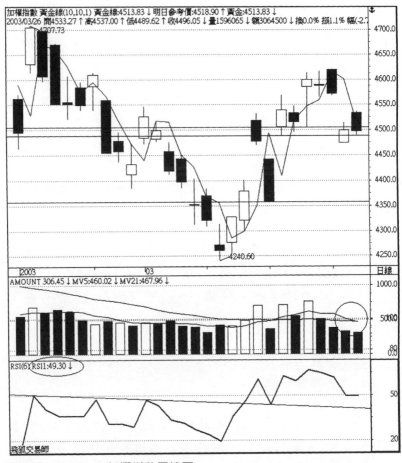

圖6-25　2003/03/26加權指數日線圖

一、就開盤法研判，最大壓力在4524.71點。也就是《圖6-24》標示A之處，而標示B之處為4518.71點。

二、黃金線明日參考價在4518.90。

三、成交量持續萎縮，並使均量線呈現死亡交叉的現象，因此這裡正式宣告上一段的上漲是反彈波動，而且是短期波段起漲，接下來將進行的修正幅度通常會超過1/2以上，因此未見修正結束，且出現多頭抵抗，沒有介入的必要。

四、今日的反彈並沒有使RSI指標從50以下翻揚到50以上，暗示短線多空已經易位，未來當指標再度穿越50的時候容易出現止漲的現象，而使股價壓回。

接下來看隔一天的開盤走勢。請看《圖6-26》，一開盤之後一低盤的格局，於是先將第二盤和第三盤的關鍵畫出來(標示A和B)，因為強烈懷疑反彈浪潮已經走完，所以這裡出現的短線買進訊號只是搶短，甚至觀望都可以，順便將昨日研判可能的壓力畫上去以便觀察(標示D、E、F)，關卡畫完之後就觀察實際走勢加以研判。

從《圖6-26》當中可以清楚看見在9:30~10:10這一段時間穿越了標示A的壓力，因此在一低盤的短線研判，可以大致知道今日有機會走出小紅小漲的格局，至於漲多少？與此波拉抬的幅度有關，拉得越高收盤時漲的點數也會比較高，能夠挑戰的壓力關卡也會比較多，因此在10:10之後的拉回，必須要找支撐點，有了支撐不是就立即買進，而是確定支撐成立之後出現的攻擊盤才可以買進。

事實上這一種短線盤是不建議介入作多操作，因為利潤

圖6-26　2003/03/27加權五分鐘K線圖與收盤價折線圖

不大，風險卻不小，因此應該採取休息觀望的態度最佳，沒
有必要天天殺進殺出。而這一個盤勢經過買點計算，短線滿
足點正巧穿越標示D線，也就是說，明日不能低開，而支撐
點就開盤法而言，以折線圖的關鍵正反轉折點為重點，也就

是標示B、C的地方。這兩個支撐既然是關鍵，跌破必定出現反彈，反彈程度大小會有所不同，原因是其定位的意義。

　　請看《圖6-27》。在2003/03/27當日網站的盤後貼圖與解析重點如下：

　　今日盤勢仍在「反彈無力」的暗示範圍中，一破三的力道尚未化解，保守投資人理應再等待爲宜。今日唯一值得稱許之處，即是過4510之後，短線盤勢並無壓回，也就是說，明日有機會挑戰4525的重壓。4525挑戰過去，就有機會化解反彈無力的疑慮。如果跌破支撐，就要往下測試等幅關卡：4473-4430-4405-4382-4357。

　　請看《圖6-27》2003/03/27加權指數日線圖，並針對技術面研判重點加以補充：

一、就開盤法研判，最大支撐在《圖6-26》標示B、C之處，而明日有機會挑戰4525的重壓，但是不宜低開，低開就要往下測試等幅關卡。

二、今日黃金線沒有觸及，明日黃金線參考價在4496.26，與今日收盤比較這道關卡是一個短線支撐。

三、均量線持續呈現量能退潮的現象，而均量線之間的距離開始變大，暗示量能退潮的危機越來越重。

圖6-27　2003/03/27加權指數日線圖

四、RSI指標從50以下穿越50，代表多頭反彈，而前一
　　日指標現象已經是多空異位，所以現在指標以空頭
　　觀點來觀察，所以明日會出現空頭抵抗。

　　接下來看隔一天的開盤走勢。請看《圖6-28》，開出一高盤之後盤勢急速下墜，所以定位成弱一高盤，低開就是浪潮沒有機會擴大，開一高立即下跌也是同樣暗示，也就是浪潮不擴大就無法挑戰4525。

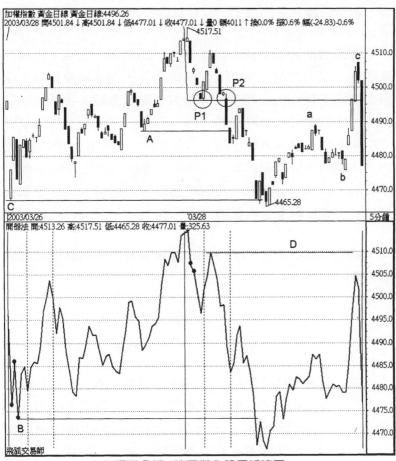

圖6-28　2003/03/28加權五分鐘K線圖與收盤價折線圖

　　而弱一高盤在這樣的背景下，容易收跌或是小黑或是中黑，端視後續支撐的行為。當然從圖形看，可以迅速畫出有關支撐壓力的線條來觀察，第三盤的收盤價點是壓力，支撐看前一日，標示A是昨日小浪發動點，標示B和C是同一根棒線的位置，只是一個是從K線最低畫，一個從折線的收盤價畫。黃金日線會自動秀出，就直接觀察即可。

　　當股價跌到黃金線時出現支撐，即標示P1之處，出現反彈觀察的壓力以第三盤的收盤數據為先，在穿越後呈現上漲無力隨即下跌，並在標示P2的地方跌破黃金線，接著又跌破標示A的支撐點才出現反彈，因為下跌已經成立，所以反彈暗示未過壓力還會再跌一段，也就是跌到標示B、C的地方整個下跌趨勢才告一個段落，這裡可以發現股價是呈現abc的反彈浪潮，之所以會如此，是因為這是昨日最後一個重要的支撐點，也是日線重要的低點位置。

　　**請看《圖6-29》。在2003/03/28當日網站的盤後貼圖與解析重點如下：**

一、今日盤勢仍在「反彈無力」的暗示範圍內，一破三的力道尚未化解，保守投資人理應再等待為宜。

二、日線形成陰子母，5分鐘K線尾盤虛殺，故可以就今日高低先畫一個箱型區間作為短線觀察。子母正常上漲幅度如果發酵，就有機會將最初跳空缺口回補，加上尾盤殺盤容易造成下週一先反彈，多頭宜

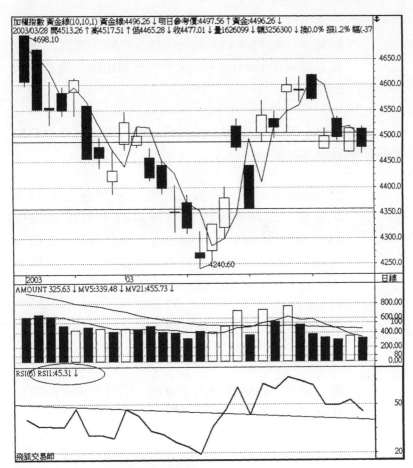

圖6-29　2003/03/28加權指數日線圖

把握良機，因為下週一是三月的最後一天，收低將
對多頭極為不利。

三、短線壓力：4515(今日造成的重壓)、4525、4571。

短線支撐：4471。如果跌破支撐，就要往下測試等幅關卡：4473-4430-4405-4382-4357。簡言之，多頭宜先突破4525這一個關卡，否則短線仍處於不利的情況。

**請看《圖6-29》2003/03/28加權指數日線圖，並針對技術面研判重點加以補充：**

一、就開盤法研判，折線圖最大壓力在《圖6-29》標示D之處，在與K線關卡合併研判，可以知道從4510~4525這裡形成一個相當重的壓力帶，而尾盤虛殺，下週一有機會先反彈，反彈無力或是低開都對多頭不利，當支撐跌破就會往下測試等幅關卡。

二、黃金線跌破為壓力，所以參考價在4497.56以壓力視之。

三、第二條水平頸線在震盪下跌破，明日是多頭的最後機會了。

四、均量線持續呈現量能退潮的現象，而均量線之間的距離開始變大，暗示量能退潮的危機越來越重。

五、RSI指標確定空頭優勢，明日不看止跌，而是要注意指標X線的支撐。

請看《圖6-30》，一開盤就開低跌破4471的支撐，延續

圖6-30　2003/03/31加權五分鐘K線圖與收盤價折線圖

前一日尾盤的殺盤力道，以標示A處為頸線，日線測量會殺
到4310左右，因為它已經形成一個頭部型態，故如此測量。
而這一個盤勢開的是二低盤，第三盤形成轉折所以是壓力，
也就是標示C的地方，沒有突破以前多頭無力，尤其是第三

盤沒有超過前兩盤1/2的幅度更是一個弱勢表現，因此在下跌中的二低盤，通常是中黑以下的格局。

所以在此日指數作空的停損點就設在標示C的地方，突破之後的拉回執行停損的動作，不然就是以空方爲主，而在一日走勢結束之後，發現它是低點一路探低的弱勢格局，因此找到最後下跌的負反轉高點，即標示B的地方，這裡就是明日第一個要考慮的壓力關卡，能夠突破這裡，盤勢才能暫時視爲止穩。

**請看《圖6-31》。在2003/03/31當日網站的盤後貼圖與解析重點如下：**

一、今日走勢只是驗證了「反彈無力」的疑慮，並使「一破三」的力道發酵，也就是說，從5142以來，即有可能是走3-3-5的下跌模式，目前B應該已經結束，B的abc小浪亦暗示破底，所以現在進行的可能是C-1，其結束點預估在4267~4275之間，滿足後進行反彈，並向4215前進，於此震盪之後進行C-3。當然這些是猜的，是否如此，待日後驗證。這是悲觀的看法，因爲4708一直無法突破，就是會讓人擔心行情是在第四季末。當然，浪的假設有很多種，目前是假設自己認爲比較有可能的那一種，以後再慢慢修正，反正大輪廓已經假設很久，目前大致上還不離譜，而盤勢盤跌磨的態勢已經確定，只適合短線操作。也就是說，個人偏向盤跌盤，盤到第四

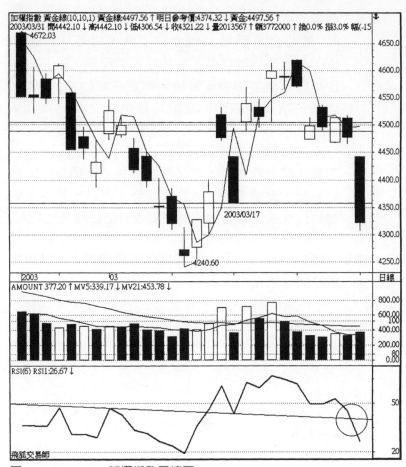

圖6-31　2003/03/31加權指數日線圖

　　季末，才有機會做多頭發動，在此之前看見多頭的
任何動作，均視爲反彈！突破4708才有機會走多頭
波動＊。

二、漲多的傳產股宜特別當心，把最高和最低相加除以2，當心會來滿足。而今日下跌，將造成多頭抵抗，進行極短線反彈，當然是不搶反彈，除非是操作指數，想要賺個便當錢，總之在4267~4275未到之前，搶反彈宜慎。至於短線壓力在4363-4385-4402。

三、想要化解下跌力道，就是要往上填補低開缺口，也就是盤中要漲超過3/28的收盤價才可以，其中在填補缺口之前先看4420的價格是否有辦法觸及**。

**請看《圖6-31》2003/03/31加權指數日線圖，並針對技術面研判重點加以補充：**

一、就開盤法研判，最大支撐在4279.47點。K線關鍵支撐在4304點，開高最佳，低開則不宜跌破支撐關卡。

二、今日站上黃金線有<u>利</u>反彈，明日黃金線參考價在4299.98。

---

*當時的浪潮假設後來證實有誤，真正的浪潮走法是最後一浪下跌從4/18~4/28因爲SARS的利空，跌到4215以下，符合個人設定長線買進價位。因爲最後一浪的下跌呈現縮小浪，而後續盤短底突破4708之後才有一波多頭漲幅，如果遲遲沒有突破4708則行情將會拖到第四季末。而在3/31的隔天也就是4/1見到了4267~4275這裡，才有進場搶反彈操作的考慮。

**這一個條件在4/4當天已經滿足，因此股價持續進行整理。

三、連接K線~~4707.73~~ 4619.98 ～~~4546.85~~ 4517.51的下降壓力線尚未突破，
　　如果可以突破，反彈力道將會比較可觀。

四、均量線已經是屬於中期量能退潮，而均量線之間的
　　距離變小，容易在出量之後形成短期波段起漲，但
　　是仍暫時視爲反彈波動。

五、RSI指標暗示跌破支撐線，有機會出現反彈。

　　請看《圖6-32》，在2003/04/01當天是以一低盤開出，開
出之後第二盤立刻彈回第一盤的1/2以上，因此第一盤低點變
成支撐，未破前有機會成爲一低承接盤。理由是當時的最低
點是4275.39，與前一日設定的低檔支撐區域範圍4267~4275
這裡，誤差了0.39點，後續的震盪突破標示D的地方，但是
沒有跌破標示B的地方，即暗示有機會在這裡止穩。

　　等到盤勢緩緩上推到標示A的位置，正式突破前一日最
後下跌的負反轉高點，到此時才能確定這裡是一低承接盤，
請特別注意的是空頭的一低承接盤僅適合承接率先大盤止穩
的個股。雖然盤勢在此止穩，暗示要形成一個向上的短線攻
擊趨勢，力道顯然不足，所以必須想辦法克服關鍵的殺盤壓
力，也就是《圖6-32》中標示的水平頸線C***。

---

***這一個關鍵壓力後來在4/3被突破，因爲關鍵點被突破，所以考慮的是壓
　　回找買點，果然短線壓回之後在4/4出現一根高低振幅159.98，上漲
　　140.79的長白棒線！

加權指數 黃金日線 黃金日線:4374.32
2003/04/01 開4331.94 ↓高4337.61 ↓低4331.94 收4337.61 ↑量0 額1369 ↑換0.0% 振0.1% 幅(5.67)0.1%

圖6-32　2003/04/01加權五分鐘K線圖與收盤價折線圖

　　也就是說《圖6-32》中的C處沒有突破，不容易有短線的利潤。而在今日盤勢結束後，標示B點位置就是支撐，沒有跌破之前，暫時將股價視為在標示B~C的區間做箱型整理的動作。

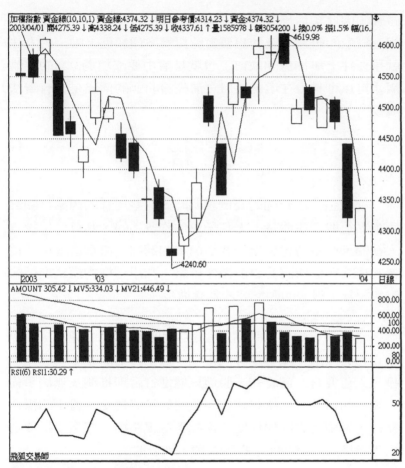

圖6-33　2003/04/01加權指數日線圖

　　請看《圖6-33》。在2003/04/01當日網站的盤後貼圖與
解析重點如下：

　　雖然今日反彈，但是壓力值4363-4385-4402仍然沒有來

碰觸，因此預估反彈目標區4406.4與壓力值之間就要做一些相互搭配的研判，至於想要暫時扭轉多頭頹勢，唯一的方法就是要往上填補低開缺口，也就是盤中要漲超過3/28的收盤價才可以，其中在填補缺口之前先看4420的價格是否有辦法觸及。

# 小　結

在做這一段時間的範例說明時，有些短線的因素與關鍵觀察點很難表達清楚，尤其是會佔許多篇幅，其實各位投資人在閱讀此章時會發現一些很簡單的邏輯一直重複運用，這樣的模式類似所謂的盤前操作策略，利用這樣的模式進行觀察與紀錄，很快的觀盤技巧就會進步。

當然個人的網站張貼這些個人觀點因為是公開的，所以不宜過於主觀，盡量要客觀中立，甚至預估的略嫌保守，而投資人也要有一個認知：股價只能進行合理推測，無法事先預知會如何進行，所以才需要盤前的策略擬定，盤中的操作執行，這兩者之間如何完美搭配與取得平衡，甚至要採取逆向思考模式，這些除了經驗累積，別無他法。

「天下沒有白吃的午餐」，想要獲取高額報酬必須要付出心力，從任何可能的地方學習，除了找到可以學習的對象之外，最重要的學習場所就是「市場」，只有這裡可以帶給投資人實戰經驗，而進入市場前一定要先準備好，沒有準備好的操作不要冒然實施。

　　每天持續以一小時的時間關心與學習有關股市的技術分析技巧是基本要求，如果一天工作八小時所得到的一個月薪水是台幣5萬元，而得到這一份工作卻要花上至少十六年的學習時間，那麼你就會覺得一天只花一小時的時間來關心行情與研究股市的變化，在未來可以幫助我們穩定的獲利，比較起來這些時間的付出就顯得相當值得了！

# 結　語

第二本書在斷斷續續、不斷刪除重寫的過程中完成了，原有內容因為超過一本書籍的負荷，所以將部分內容刪除，心中不免有些遺珠之憾。想要在一本書的範圍內討論許多實戰觀念，又要兼顧剛認識技術分析與對技術分析已經認識頗深的讀友，在取捨之間實在不容易拿捏，加上自己屬於寫書的新手，就算有上一本《主控戰略K線》的撰寫經驗，仍然覺得詞不達意、無法完整表達心中概念。

在技術分析的論述中，常常充斥著一些似是而非的論點，這些論點乍聽之下相當有道理，可是在驗證過程中卻不斷受到市場真實面無情考驗，最後造成使用者茫然不知所措的窘境，到最後就唾棄技術分析。這樣的念頭也曾經在我心中興起過，就是沒有想過要檢討自己。

我常說：「技術指標怎麼會有盲點？它總是忠實的將股價波動完整呈現，往往是因為人的解讀或是認知上的錯誤，造成操作失誤，所以有盲點的是人，不是工具。」就好像刀子可以是殺人的凶器，也可以是做菜的工具，取決於使用的人。

筆者衷心希望，能夠藉著一些技術分析技巧的發表，循序漸進的讓有興趣學習技術分析的朋友，能夠掌握適合股價波動原理的正確方法，擺脫經常在股市中虧損的宿命，進而晉身贏家之列。雖然提出的方法並非唯一的解決之道，總是希望各位讀友能在閱讀之後，能有不同層次的認識與新體驗，並可以幫助各位讀友破除在操作上的盲點。

為了讓這本書產生延續性的學習效果，本書的讀友可以駕臨筆者所架設的網站討論相關問題，網站將會為各位讀者開闢一個關於本書的專有討論區，歡迎各位讀友到敝網站免費登錄成為網站會員之後，申請進入讀者討論區，這樣就可以互相交流討論有關開盤法的多樣變化，尤其是開盤法重視行進間的研判，能夠在實戰過程中討論，收益將會更大。

另外，筆者計畫在未來，再撰寫一系列有關「主控戰略」的技術分析書籍，內容有別於一般技術分析的討論，歡迎各位讀友繼續捧場，並不吝指教。

我的網站：http://h870500.ez-88.com
阿民歡迎大家的光臨。

# 主控戰略開盤法勘誤表

| 頁數 | 行數 | 原　　句 | 正確文句 |
|---|---|---|---|
| 23 | 上方區塊 | 當股創新高時 | 當股價創新高時 |
| 23 | 下方區塊 | 當股創新高時 | 當股價創新高時 |
| 25 | 右上方區塊 | 股價將進行空反轉 | 股價將進行空多反轉 |
| 28 | 第 18 行 | 空多交替 | 多空交替 |
| 29 | 第 3 行 | 或高低點 | 或最低點 |
| 30 | 第 3 行 | 出尾 | 落尾 |
| 30 | 第 12 行 | 耳提命面 | 耳提面命 |
| 34 | 第 4 行 | 於運開盤八法時 | 於運用開盤八法時 |
| 34 | 第 5 行 | 絕竅 | 訣竅 |
| 39 | 第 2 行 | 開盤的位置定位盤態 | 收盤的位置定位盤態 |
| 57 | 第 9 行 | 反彈突破 A 點 | 反彈突破 B 點 |
| 65 | 第 10 行 | 沒有跌破 A 點以前 | 沒有跌破 B 點以前 |
| 71 | 第 6 行 | 這時後應為 | 這時候應為 |
| 78 | 第 2 行 | 利用第二章 | 利用第三章 |
| 86 | 第 11 行 | 如果知道是 | 如何知道是 |
| 89 | 第 4 行 | 上升趨勢線 | 上升趨勢線被跌破 |
| 90 | 第 22 行 | 跌破開盤 | 跌破昨收 |
| 91 | 第 1 行 | 跌破開盤價的代表當時日 K 線已經收黑 | 跌破昨收價代表當時日 K 線已經收黑價跌 |
| 94 | 第 3 行 | 4543.08 | 4534.08 |
| 103 | 圖說 | 2003/02/19 當日大盤 5 分鐘... | 2003/03/14 當日大盤 5 分鐘... |
| 110 | 第 1 行 | B 峰大於 A 峰時 | B 峰小於 A 峰時 |
| 114 | 第 5 行 | 低一盤勢當日 | 第一盤是當日 |
| 120 | 第 3 行 | 有機會形成下肩缺口 | 有機會形成上肩缺口 |
| 128 | 第 2 行 | 第三盤與第二盤也是下跌 | 第三盤與第二盤比較也是下跌 |
| 144 | 第 4 行 | 收在常白棒線 | 收在長白棒線 |
| 147 | 第 5 行 | 右側是開高的黑線 | 右側是開平的黑線 |
| 159 | 第 7 行 | 當時線 B | 當時棒線 B |
| 192 | 第 14 行 | 定義為為 | 定義為 |
| 195 | 第 12 行 | 定義為為 | 定義為 |
| 195 | 第 19 行 | 產生正反轉折向上 | 產生正反轉向上 |
| 209 | 第 1 行 | 區線 | 曲線 |
| 271 | 第 5 行 | 除此之外的 K 線取取當日 | 除此之外的 K 線取當日 |
| 283 | 第 10 行 | 「鑷底」的轉型態 | 「鑷底」的轉折型態 |
| 288 | 第 2 行 | 「陽母子」 | 「陽子母」 |
| 300 | 第 20 行 | 鑷頂 | 鑷底 |
| 336 | 第 1 行 | 前一波正反轉 | 前一波負反轉 |
| 350 | 第 3 行 | 收盤價之下 | 收盤價之上 |
| 350 | 第 5 行 | 因為為出量 | 因為出量 |
| 352 | 第 10 行 | 想要在作多 | 想要再作多 |
| 356 | 第 5 行 | 再所難免 | 在所難免 |
| 360 | 第 4 行 | 正反轉折點 | 正反轉轉折點 |
| 366 | 第 8 行 | 在與 K 線關卡 | 再與 K 線關卡 |
| 366 | 第 14 行 | 震盪下突破 | 震盪下跌破 |
| 370 | 第 15 行 | 有力反彈 | 有利反彈 |
| 371 | 第 1 行 | 連接 K 線 4707.73~4546.85 的下降壓力線 | 連接 K 線 4619.98~4517.51 的下降壓力線 |

國家圖書館出版品預行編目資料

> 主控戰略開盤法：掌握開盤奧妙決勝股市戰場
>
> 　／阿民著. -- 初版. -- 臺北市：寰宇,
>
> 2004[民93]
>
> 　面；　　公分. -- (寰宇財金；194)
>
> 　ISBN 957-0477-44-X(平裝)
>
> 　1. 投資　2. 證券
>
> 563.5　　　　　　　　　　　　　　93005506

寰宇技術分析 194

# 主控戰略開盤法

作　者：黃韋中（阿民）

主　編：王孝平

出版者：寰宇出版股份有限公司
　　　　台北市仁愛路四段109號13樓
　　　　(02)2721-8138

劃撥帳號：第1146743-9號

E -mail：service@ipci.com.tw

網　址：www.ipci.com.tw

登記證：局版台省字第3917號

定　價：380 元

西元 2004 年 4 月初版

西元 2012 年 9 月初版十一刷

ISBN　957-0477-44-X　（平裝）

網路書店：博客來 www.books.com.tw
　　　　　華文網 www.book4u.com.tw

# 寰宇圖書分類

# 智 慧 投 資

| 分類號 | 書　名 | 書號 | 定價 | 分類號 | 書　名 | 書號 | 定價 |
|---|---|---|---|---|---|---|---|
| 1 | 股市大亨 | F013 | 280 | 28 | 倪德厚夫的投機術（下） | F240 | 300 |
| 2 | 新股市大亨 | F014 | 280 | 29 | 交易・創造自己的聖盃 | F241 | 500 |
| 3 | 金融怪傑（上） | F015 | 300 | 30 | 圖風勢——股票交易心法 | F242 | 300 |
| 4 | 金融怪傑（下） | F016 | 300 | 31 | 從躺椅上操作：交易心理學 | F247 | 550 |
| 5 | 新金融怪傑（上） | F022 | 280 | 32 | 華爾街傳奇：我的生存之道 | F248 | 280 |
| 6 | 新金融怪傑（下） | F023 | 280 | 33 | 金融投資理論史 | F252 | 600 |
| 7 | 金融煉金術 | F032 | 600 | 34 | 華爾街一九〇一 | F264 | 300 |
| 8 | 智慧型股票投資人 | F046 | 500 | 35 | 費雪・布萊克回憶錄 | F265 | 480 |
| 9 | 瘋狂、恐慌與崩盤 | F056 | 450 | 36 | 歐尼爾投資的24堂課 | F268 | 300 |
| 10 | 股票作手回憶錄 | F062 | 450 | 37 | 探金實戰・李佛摩投機技巧（系列2） | F274 | 320 |
| 11 | 超級強勢股 | F076 | 420 | 38 | 大腦煉金術 | F276 | 500 |
| 12 | 非常潛力股 | F099 | 360 | 39 | 金融風暴求勝術 | F278 | 400 |
| 13 | 活得真好一紐柏格的煉金術與藝術情 | F100 | 220 | 40 | 交易・創造自己的聖盃（第二版） | F282 | 600 |
| 14 | 約翰・奈夫談設資 | F144 | 400 | 41 | 索羅斯傳奇 | F290 | 450 |
| 15 | 股市超級戰將（上） | F165 | 250 | 42 | 華爾街怪傑巴魯克傳 | F292 | 500 |
| 16 | 股市超級戰將（下） | F166 | 250 | 43 | 交易者的101堂心理訓練課 | F294 | 500 |
| 17 | 與操盤贏家共舞 | F174 | 300 | 44 | 兩岸股市大探索（上） | F301 | 450 |
| 18 | 華爾街財神 | F181 | 370 | 45 | 兩岸股市大探索（下） | F302 | 350 |
| 19 | 掌握股票群眾心理 | F184 | 350 | 46 | 專業投機原理 I | F303 | 480 |
| 20 | 縱橫全球股市 | F186 | 400 | 47 | 專業投機原理 II | F304 | 400 |
| 21 | 掌握巴菲特選股絕技 | F189 | 390 | 48 | 探金實戰・李佛摩手稿解密（系列3） | F308 | 480 |
| 22 | 高勝算操盤（上） | F196 | 320 | 49 | 證券分析第六增訂版（上冊） | F316 | 700 |
| 23 | 高勝算操盤（下） | F197 | 270 | 50 | 證券分析第六增訂版（下冊） | F317 | 700 |
| 24 | 別理華爾街！ | F203 | 220 | 51 | 探金實戰・李佛摩資金情緒管理（系列4） | F319 | 350 |
| 25 | 透視避險基金 | F209 | 440 | 52 | 期俠股義 | F321 | 380 |
| 26 | 股票作手回憶錄（完整版） | F222 | 650 | 53 | 探金實戰・李佛摩18堂課（系列5） | F325 | 250 |
| 27 | 倪德厚夫的投機術（上） | F239 | 300 | 54 | 交易贏家的21週全紀錄 | F330 | 460 |

# 共 同 基 金

| 分類號 | 書　名 | 書號 | 定價 | 分類號 | 書　名 | 書號 | 定價 |
|---|---|---|---|---|---|---|---|
| 1 | 共同基金操作守則50 | F154 | 300 | 5 | 理財贏家16問 | F318 | 280 |
| 2 | 柏格談共同基金 | F178 | 420 | 6 | 共同基金必勝法則-十年典藏版（上） | F326 | 420 |
| 3 | 基金趨勢戰略 | F272 | 300 | 7 | 共同基金必勝法則-十年典藏版（下） | F327 | 380 |
| 4 | 定期定值投資策略 | F279 | 350 | | | | |

## 投　資　策　略

| 分類號 | 書　　名 | 書號 | 定價 | 分類號 | 書　　名 | 書號 | 定價 |
|---|---|---|---|---|---|---|---|
| 1 | 股市心理戰 | F010 | 200 | 21 | 計量技術操盤策略（上） | F201 | 300 |
| 2 | 經濟指標圖解 | F025 | 300 | 22 | 計量技術操盤策略（下） | F202 | 270 |
| 3 | 經濟指標精論 | F069 | 420 | 23 | 震盪盤操作策略 | F205 | 490 |
| 4 | 股票作手傑西・李佛摩操盤術 | F080 | 180 | 24 | 透視避險基金 | F209 | 440 |
| 5 | 投資幻象 | F089 | 320 | 25 | 看準市場脈動投機術 | F211 | 420 |
| 6 | 史瓦格期貨基本分析（上） | F103 | 480 | 26 | 巨波投資法 | F216 | 480 |
| 7 | 史瓦格期貨基本分析（下） | F104 | 480 | 27 | 股海奇兵 | F219 | 350 |
| 8 | 你也可以成為股票操作高手 | F138 | 420 | 28 | 混沌操作法 II | F220 | 450 |
| 9 | 操作心經：全球頂尖交易員提供的操作建議 | F139 | 360 | 29 | 傑西・李佛摩股市操盤術 (完整版) | F235 | 380 |
| 10 | 攻守四大戰技 | F140 | 360 | 30 | 股市獲利倍增術 | F236 | 430 |
| 11 | 證券分析初步 | F150 | 360 | 31 | 資產配置投資策略 | F245 | 450 |
| 12 | 股票期貨操盤技巧指南 | F167 | 250 | 32 | 智慧型資產配置 | F250 | 350 |
| 13 | 金融特殊投資策略 | F177 | 500 | 33 | SRI 社會責任投資 | F251 | 450 |
| 14 | 回歸基本面 | F180 | 450 | 34 | 混沌操作法新解 | F270 | 400 |
| 15 | 華爾街財神 | F181 | 370 | 35 | 在家投資致富術 | F289 | 420 |
| 16 | 股票成交量操作戰術 | F182 | 420 | 36 | 看經濟大環境決定投資 | F293 | 380 |
| 17 | 股票長短線致富術 | F183 | 350 | 37 | 高勝算交易策略 | F296 | 450 |
| 18 | 交易，簡單最好！ | F192 | 320 | 38 | 散戶升級的必修課 | F297 | 400 |
| 19 | 股價走勢圖精論 | F198 | 250 | 39 | 他們如何超越歐尼爾 | F329 | 500 |
| 20 | 價值投資五大關鍵 | F200 | 360 | | | | |

## 程　式　交　易

| 分類號 | 書　　名 | 書號 | 定價 | 分類號 | 書　　名 | 書號 | 定價 |
|---|---|---|---|---|---|---|---|
| 1 | 高勝算操盤（上） | F196 | 320 | 8 | PowerLanguage 程式交易語法大全 | F298 | 480 |
| 2 | 高勝算操盤（下） | F197 | 270 | 9 | 交易策略評估與最佳化（第二版） | F299 | 500 |
| 3 | 狙擊手操作法 | F199 | 380 | 10 | 全民貨幣戰爭首部曲 | F307 | 450 |
| 4 | 計量技術操盤策略（上） | F201 | 300 | 11 | HSP計量操盤策略 | F309 | 400 |
| 5 | 計量技術操盤策略（下） | F202 | 270 | 12 | MultiCharts快易通 | F312 | 280 |
| 6 | 《交易大師》操盤密碼 | F208 | 380 | 13 | 計量交易 | F322 | 380 |
| 7 | TS程式交易全攻略 | F275 | 430 | | | | |

## 期　貨

| 分類號 | 書　名 | 書號 | 定價 | 分類號 | 書　名 | 書號 | 定價 |
|---|---|---|---|---|---|---|---|
| 1 | 股價指數期貨及選擇權 | F050 | 350 | 5 | 期貨賽局（下） | F232 | 520 |
| 2 | 高績效期貨操作 | F141 | 580 | 6 | 雷達導航期股技術（期貨篇） | F267 | 420 |
| 3 | 征服日經225期貨及選擇權 | F230 | 450 | 7 | 期指格鬥法 | F295 | 350 |
| 4 | 期貨賽局（上） | F231 | 460 | 8 | 分析師關鍵報告（期貨交易篇） | F328 | 450 |

## 債　券　貨　幣

| 分類號 | 書　名 | 書號 | 定價 | 分類號 | 書　名 | 書號 | 定價 |
|---|---|---|---|---|---|---|---|
| 1 | 貨幣市場&債券市場的運算 | F101 | 520 | 3 | 外匯交易精論 | F281 | 300 |
| 2 | 賺遍全球：貨幣投資全攻略 | F260 | 300 | 4 | 外匯套利① | F311 | 480 |

## 財　務　教　育

| 分類號 | 書　名 | 書號 | 定價 | 分類號 | 書　名 | 書號 | 定價 |
|---|---|---|---|---|---|---|---|
| 1 | 點時成金 | F237 | 260 | 6 | 歐尼爾成長型股票投資課（漫畫版） | F285 | 200 |
| 2 | 跟著林區學投資 | F253 | 400 | 7 | 貴族・騙子・華爾街 | F287 | 250 |
| 3 | 風暴・醜聞・華爾街 | F258 | 480 | 8 | 就是要好運 | F288 | 350 |
| 4 | 蘇黎士投機定律 | F280 | 250 | 9 | 黑風暗潮 | F324 | 450 |
| 5 | 投資心理學（漫畫版） | F284 | 200 | 10 | 財報編製與財報分析 | F331 | 320 |

## 財　務　工　程

| 分類號 | 書　名 | 書號 | 定價 | 分類號 | 書　名 | 書號 | 定價 |
|---|---|---|---|---|---|---|---|
| 1 | 金融風險管理（上） | F121 | 550 | 4 | 信用性衍生性&結構性商品 | F234 | 520 |
| 2 | 金融風險管理（下） | F122 | 550 | 5 | 可轉換套利交易策略 | F238 | 520 |
| 3 | 固定收益商品 | F226 | 850 | 6 | 我如何成為華爾街計量金融家 | F259 | 500 |

## 選　　擇　　權

| 分類號 | 書　　名 | 書號 | 定價 | 分類號 | 書　　名 | 書號 | 定價 |
|---|---|---|---|---|---|---|---|
| 1 | 股價指數期貨及選擇權 | F050 | 350 | 7 | 交易，選擇權 | F210 | 480 |
| 2 | 股票選擇權入門 | F063 | 250 | 8 | 選擇權策略王 | F217 | 330 |
| 3 | 技術分析＆選擇權策略 | F097 | 380 | 9 | 征服日經225期貨及選擇權 | F230 | 450 |
| 4 | 認購權證操作實務 | F102 | 360 | 10 | 活用數學・交易選擇權 | F246 | 600 |
| 5 | 選擇權交易講座：高報酬／低壓力的交易方法 | F136 | 380 | 11 | 選擇權交易總覽（第二版） | F320 | 480 |
| 6 | 選擇權訂價公式手冊 | F142 | 400 | | | | |

## 金　　融　　證　　照

| 分類號 | 書　　名 | 書號 | 定價 | 分類號 | 書　　名 | 書號 | 定價 |
|---|---|---|---|---|---|---|---|
| 1 | FRM 金融風險管理（第四版） | F269 | 1500 | | | | |

## 另　　類　　投　　資

| 分類號 | 書　　名 | 書號 | 定價 | 分類號 | 書　　名 | 書號 | 定價 |
|---|---|---|---|---|---|---|---|
| 1 | 葡萄酒投資 | F277 | 420 | | | | |